3

학령기 아동을 위한

단어인지 및 철자 프로그램

홑받침 단어

김애화 · 김의정 공저

Word Identification and Spelling Program for School-Age Children

학지사

머리말

최근 교육 현장에는 그 어느 때보다 다양한 학습자가 존재하고 있다. 학업 성취에 큰 어려움이 없는 일반 학생을 비롯하여 학습에 어려움을 보이는 학습부진 학생, 학습 속도가 다른 또래 학생들에 비해 느린 현상을 보이는 느린 학습자, 한국어가 모국어가 아니거나 모국어로 습득하는 데 있어 어려움이 있는 다문화 가정 학생, 읽기, 쓰기, 수학 등 학습에 심각한 어려움을 보이는 학습장애 학생 등 다양한 학습적 요구를 보이는 학생들이 있다. 따라서 이러한 다양한 학습자의 학습적 요구를 파악하고 이에 따른 교육적 지원을 하는 것이 필요한 실정이다.

여러 학습 능력 중에서도 읽기 및 쓰기 능력은 모든 교과 학습에 필수적이고 나아가 성공적인 학업 성취를 위해 매우 중요하다고 할 수 있다. 이에 본 프로그램 개발자들은 앞서 언급한 다양한 학습자가 읽기 및 쓰기 능력을 갖추는 데 있어 기초가 되는 단어인지 및 철자에 초점을 둔 프로그램을 개발하였다. 단어인지 및 철자 프로그램의 주요 특징은 다음과 같다. 첫째, 받침이 없는 단어를 읽고 철자하는 것부터 시작하여 겹받침이 있는 단어를 읽고 철자하는 것까지 점진적으로 습득할 수 있도록 체계적으로 개발되었다. 둘째, 한 번 학습한 것에 그치는 것이 아니라 학습한 내용을 누적 연습할 수 있도록 연습 워크북(5권)을 추가로 제공하였다. 셋째, 국내외 선행연구를 통해 단어인지 및 철자 능력 향상에 효과적임이 검증된 증거기반 교수법(evidence-based instructional methods)을 적용하여 개발되었다.

따라서 본 프로그램을 방과 후 등 학교 내에서와, 학습종합클리닉센터, 개별 인지학습치료센터 등 학교 밖에서 단어인지 및 철자 능력 향상이 요구되는 초등학생을 포함한 학령기 학생을 지원하는 데 사용하기를 권장한다. 또한 필요에 따라 가정에서 자녀의 단어인지 및 철자 능력을 지도하기 위해 사용할 것을 권장한다. 본 프로그램 개발자들은 이 단어인지 및 철자 프로그램이 다양한 학습자의 요구에 적합한 학습 기회를 제공할 뿐만 아니라 이들의 단어인지 및 쓰기 능력 향상을 도모하는 데 중요한 자료로서의 역할을 할 것으로 기대한다.

무엇보다도 이 프로그램의 개발 과정에서 여러모로 도움을 준 단국대학교 일반대학원 특수교육학과 김지은 선생님과 출판 과정에서 도움을 주신 학지사 김진환 사장님, 박나리 선생님에게 감사드린다.

저자 일동

프로그램의 구성 및 활용 방법

1. 프로그램의 구성

이 프로그램은 전체 5권으로 구성되어 있다. 1권부터 4권은 3단계 단어인지 및 철자 지도 프로그램이며, 5권은 1~4권에서 학습한 내용을 누적 연습할 수 있는 추가 연습 워크북이다.

- '1단계' 받침 없는 단어인지 및 철자 프로그램(1권과 2권): 1권은 '기본 자음과 기본 모음으로 구성된 단어'를 정확하게 읽고 쓰는 것을 목표로 하는 20차시로 구성되어 있고, 2권은 '된소리 자음과 모음으로 구성된 단어'를 정확하게 읽고 쓰는 것을 목표로 하는 19차시로 구성되어 있다.
- '2단계' 홑받침 단어인지 및 철자 프로그램(3권): '대표음으로 발음되는 홑받침 단어'를 정확하게 읽고 쓰는 것을 목표로 하는 6차시와 '음운 변동이 적용되는 홑받침 단어'를 정확하게 읽고 쓰는 것을 목표로 하는 4차시로 구성되어 있다.
- '3단계' 겹받침 단어인지 및 철자 프로그램(4권): '대표음으로 발음되는 겹받침 단어'를 정확하게 읽고 쓰는 것을 목표로 하는 3차시와 '음운 변동이 적용되는 겹받침 단어'를 정확하게 읽고 쓰는 것을 목표로 하는 5차시로 구성되어 있다.
- 연습 워크북(5권): 1~4권에서 학습한 내용을 누적 연습할 수 있도록 각 단계별 누적 연습 문항을 제공한다.

2. 프로그램의 활용 방법

1~4권의 단어인지 및 철자 지도 프로그램은 각 차시별로 학습목표, 사전평가, 수업, 사후평가로 구성되어 있으며, 다음과 같이 활용할 수 있다.

- 학습목표 교수자는 학생과 함께 학습목표를 확인한다.
- 사전평가 교수자가 '정답지'에 제공된 사전평가 문항을 읽어 주고, 학생이 각 문항을 받아쓰도록 함으로써 학생의 현재 수행 수준을 파악한다.
- 수업 프로그램에서 제시된 순서에 따라 수업을 진행한다. 수업 진행에 필요한 낱자 카드 및 단어 카드는 〈별책부록〉에 제시되어 있으며, 가림판 및 용수철 등의 교수 · 학습 자료는 프로그램에 동봉된 것을 활용한다.
- 사후평가 수업 후 교수자가 '정답지'에 제공된 사후평가 문항을 읽어 주고, 학생이 각 문항을 받아쓰도록 함으로써 학습목표의 달성 여부를 파악한다. 사후평가 결과, 학생이 해당 차시 학습목표를 달성하지 못한 경우, 해당 차시 수업을 반복할 수 있다.

5권 연습 워크북은 각 단계에서 배운 단어들을 반복 · 누적 연습할 수 있도록 구성하였다. 교수자는 매 회기마다 약 10분간 연습 워크북을 활용하여 이미 배웠던 단어들을 반복 · 누적 연습할 수 있는 기회를 제공하는 것이 좋다.

1~4권에 적용된 교수 및 학습 전략에 대한 이론적 설명은 각 단계별 프로그램의 첫머리에 '일러두기'로 제시되어 있다.

차례

머리말 ················ 3

프로그램의 구성 및 활용 방법 ················ 4

1. 대표음으로 발음되는 홑받침 단어

1차시 ◆ 홑받침 ㄴ, ㄹ: 산, 물 ·············· 11

2차시 ◆ 홑받침 ㅁ, ㅇ: 뱀, 콩 ·············· 34

3차시 ◆ 홑받침 ㅅ, ㄷ: 웃다, 걷다 ·············· 58

4차시 ◆ 홑받침 ㅂ, ㅍ: 좁다, 깊다 ·············· 79

5차시 ◆ 홑받침 ㄱ, ㄲ: 먹다, 묶다 ············ 100

6차시 ◆ 홑받침 ㅈ, ㅌ, ㅊ: 젓다, 같다, 쫓다 ············ 121

2. 음운 변동이 적용되는 홑받침 단어

1차시 ◆ 홑받침 연음 – 홑받침 + 'ㅇ' 시작 단어: 웃음 ············ 149
2차시 ◆ 홑받침 ㅎ 탈락 – 홑받침 ㅎ + 'ㅇ' 시작 단어: 좋아 ············ 168
3차시 ◆ 홑받침 축약 – 홑받침 ㅎ + 'ㄱ, ㄷ, ㅈ' 시작 단어: 좋고 ············ 181
4차시 ◆ 홑받침 비음화 – 홑받침 + 'ㄴ' 시작 단어: 웃는다 ············ 196

◆ 정답지 ············ 215
◆ <별책부록> 낱자 카드, 단어 카드

01

대표음으로 발음되는 홑받침 단어

일러두기(1차시~2차시)

교수 내용 순서

받침 없는 CV 글자(예, 나)를 즉각적으로 읽을 수 있게 되면, 받침 있는 CVC (예, 난) 글자에 대한 교수를 진행한다.

받침 있는 CVC 글자 교수

받침 있는 CVC(예, 난) 글자의 교수는 CV(예, 나) + C(받침 ㄴ)를 합성하여, CVC(예, 난)를 읽는 형태로 진행한다.

받침 소리

난 **초록색으로 표시되어 있는 것처럼** 글자 아래 받침으로 쓰이면 [은] 소리가 납니다.

랄 **초록색으로 표시되어 있는 것처럼** 글자 아래 받침으로 쓰이면 [을] 소리가 납니다.

맘 **초록색으로 표시되어 있는 것처럼** 글자 아래 받침으로 쓰이면 [음] 소리가 납니다.

앙 **초록색으로 표시되어 있는 것처럼** 글자 아래 받침으로 쓰이면 [응] 소리가 납니다.

합성 파닉스 교수법

합성 파닉스 교수법은 단어를 구성하는 각각의 낱자를 소리로 바꾼 후, 이 소리들을 합쳐서 단어를 읽도록 가르치는 단어인지 교수법이다. 이를 위해 교사는 학생에게 단어를 구성하는 각각의 낱자에 대응하는 소리를 가르친 다음, 이 소리들을 합쳐서 단어를 읽도록 지도한다.

음운처리 중심 철자 교수법

음운처리 중심 교수법은 낱자-소리 대응관계를 가르치고, 소리에 대응하는 낱자를 올바르게 표기함으로써 단어를 철자하도록 가르치는 교수법이다. 음운처리 중심 교수법은 위에서 언급한 합성 파닉스에 근거한 철자 교수법이라고 할 수 있다.

가리고-기억하여 쓰고-비교하기

가리고, 기억하여 쓰고, 비교하기(cover, copy, compare)는 자기 교정법에 속하는 활동이다. 학생에게 단어를 보여 준 다음, 단어를 가리고(cover), 약간의 시간(예, 약 3초)을 주어 학생이 단어를 기억하여 쓰도록 하고(copy), 그다음 다시 단어를 보여 주어 해당 단어와 자신의 답을 비교하여 답을 확인하게 한다(compare).

단어 분류하기

단어 분류하기는 단어를 구체적인 기준에 따라 구분하는 활동을 의미한다. 예를 들어, 같은 받침이 있는 단어들끼리 구분하는 것이 이에 해당한다.

1차시 홑받침 ㄴ, ㄹ: 산, 물

학습목표

받침 ㄴ과 ㄹ이 들어간 글자와 단어를 정확하게 읽고 쓸 수 있다.

사전평가

"선생님이 불러 주는 단어를 받아 적는 문제입니다. 잘 듣고, 답안지에 단어를 받아 적어 보세요."

(정답지 p. 216에 평가 문항 제시)

번호	단어
1	
2	
3	
4	
5	
6	
7	
8	

수업

다음 두 단어를 비교해 봅시다. 다른 점을 찾아서 ○를 치세요.

나　　　난

받침 낱자의 소리를 알아봅시다.

ㄴ

검정색으로 표시되어 있는 것처럼 글자에 쓰이면 '느' 소리가 납니다.

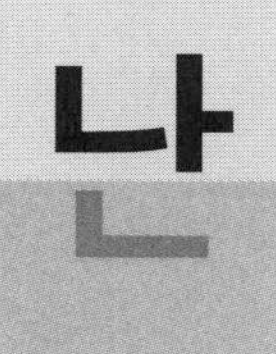

초록색으로 표시되어 있는 것처럼 글자 아래 받침으로 쓰이면 '은' 소리가 납니다.

ㄴ

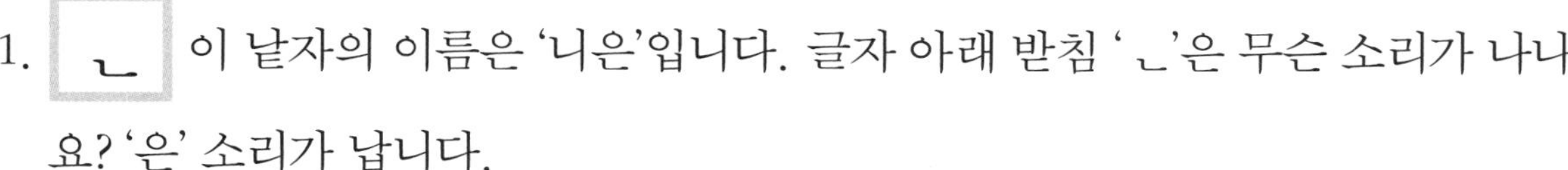

받침 낱자 'ㄴ'의 소리를 알아봅시다.

 받침 ㄴ의 소리를 알아봅시다.

1. ㄴ 이 낱자의 이름은 '니은'입니다. 글자 아래 받침 'ㄴ'은 무슨 소리가 나나요? '은' 소리가 납니다.

2. 낱자의 소리를 말하면서 표시된 순서에 따라 써 봅시다.

받침 'ㄴ'이 있는 단어를 읽어 봅시다.

그림을 보면서 받침 ㄴ 소리를 연습해 봅시다.

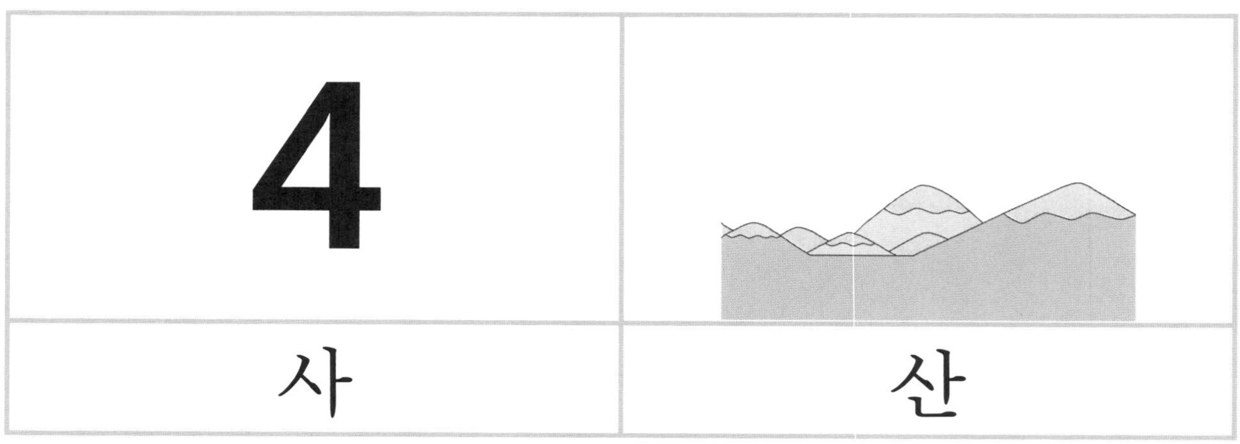

사와 ㄴ을 합치면 무슨 글자가 될까요?

1. 용수철을 사용하여 소리를 합쳐 봅시다.

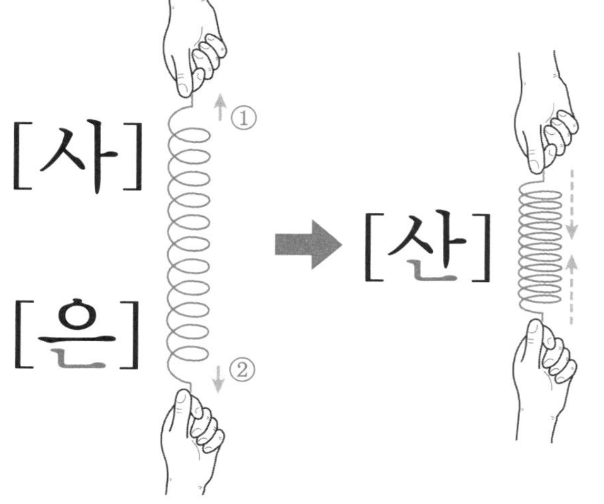

2. 다음 그림처럼 낱자 카드(✂ 〈부록 1쪽〉)를 사용하여 소리를 합쳐 봅시다.

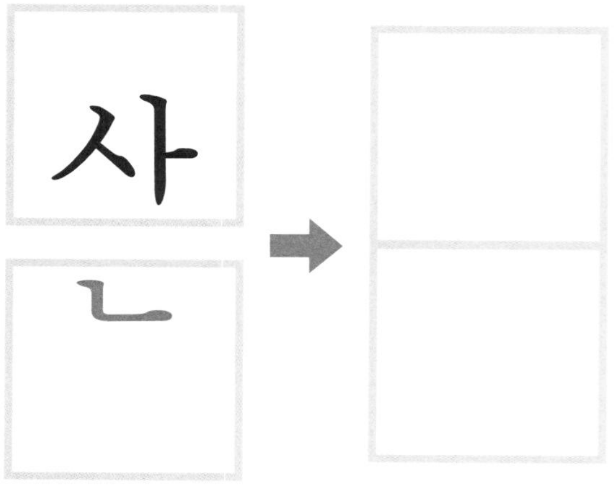

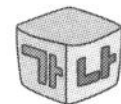 그림을 보면서 받침 ㄴ 소리를 연습해 봅시다.

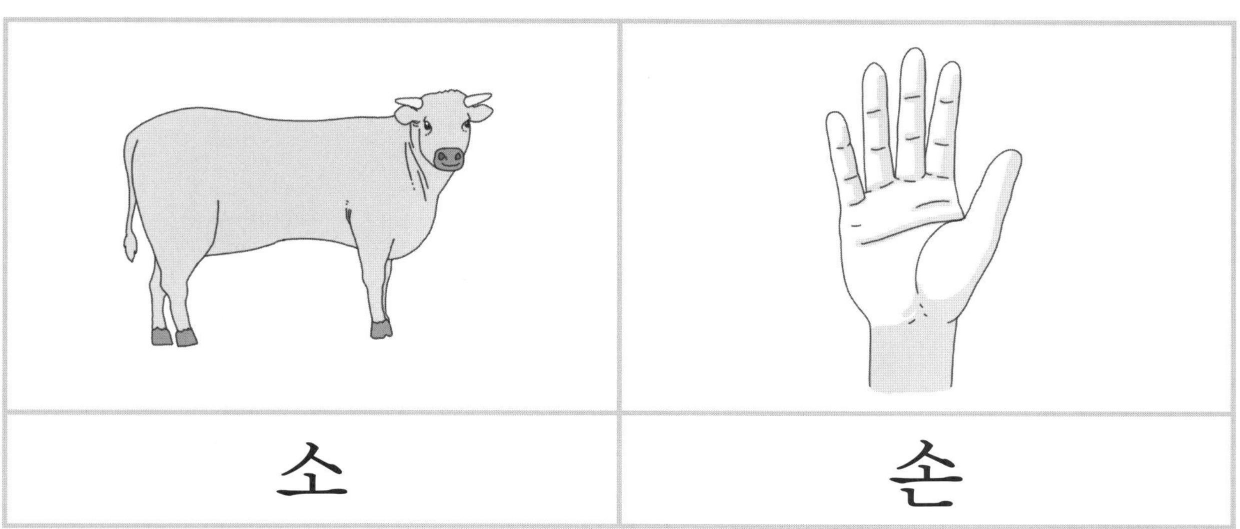

소	손

 소와 ㄴ을 합치면 무슨 글자가 될까요?

1. 용수철을 사용하여 소리를 합쳐 봅시다.

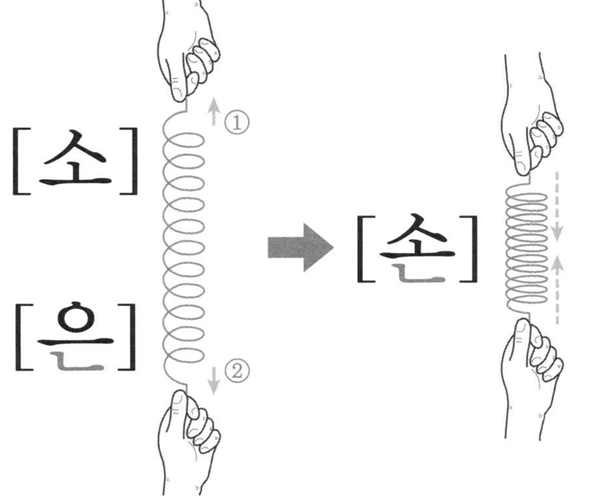

2. 다음 그림처럼 낱자 카드(✂ 〈부록 1쪽〉)를 사용하여 소리를 합쳐 봅시다.

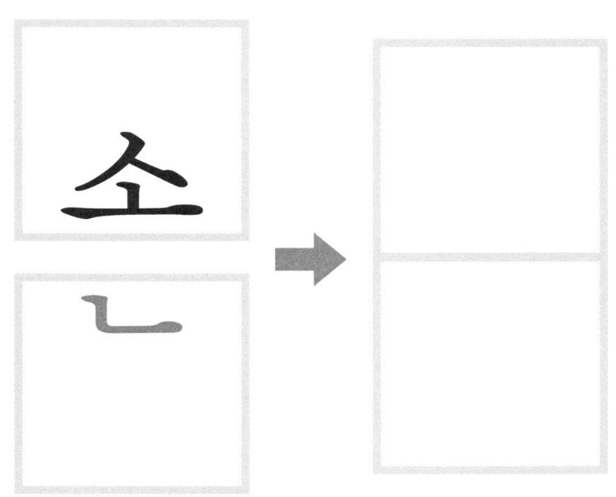

두 그림을 보고 각각의 단어를 말해 봅시다. 두 그림 중, 받침이 들어가야 할 단어에 알맞은 받침을 써 넣은 후, 단어를 읽어 봅시다.

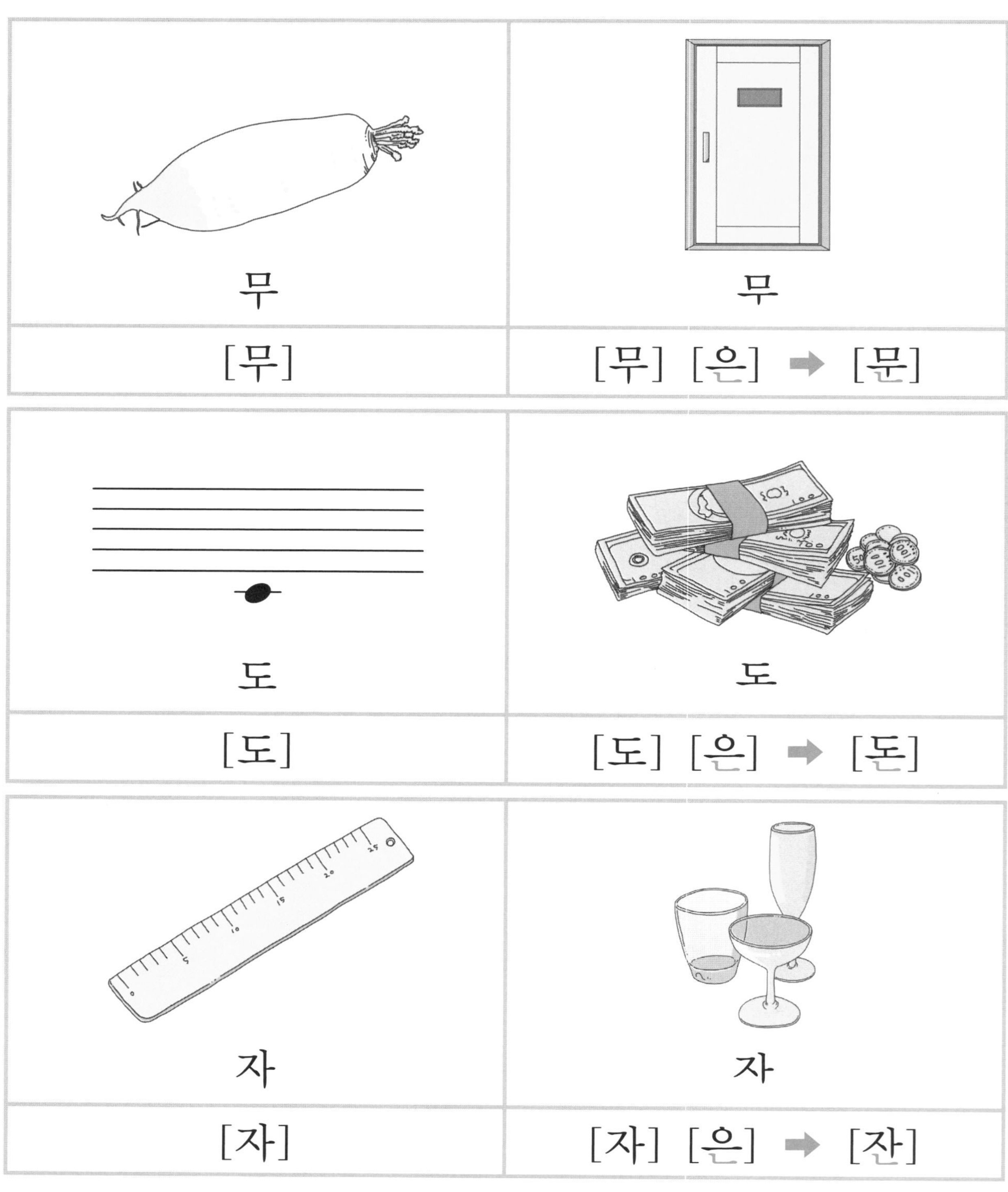

그림을 보고 알맞은 받침을 써 넣은 후, 단어를 읽어 봅시다.

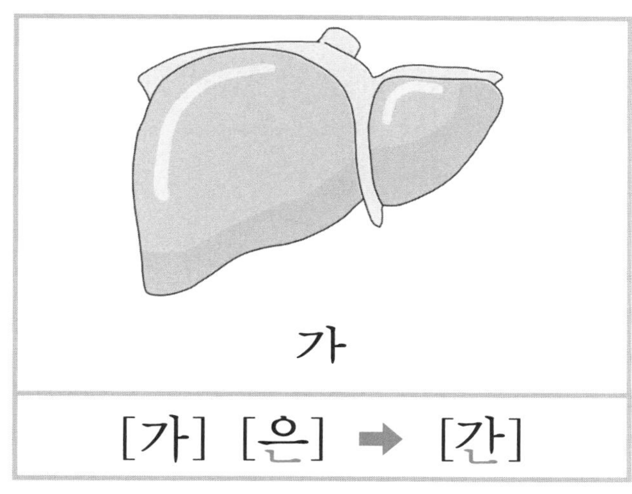

가

[가] [은] ➡ [간]

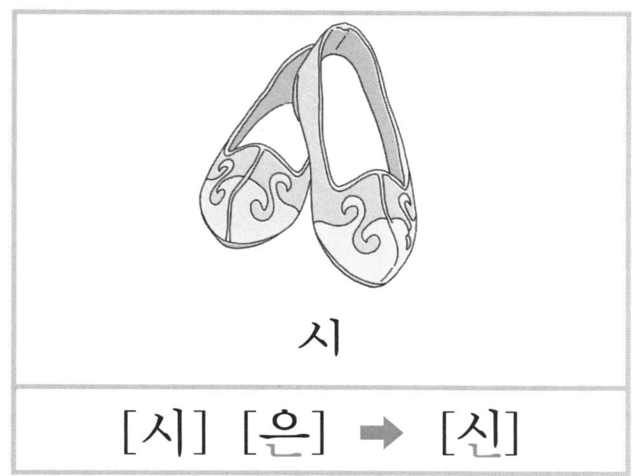

시

[시] [은] ➡ [신]

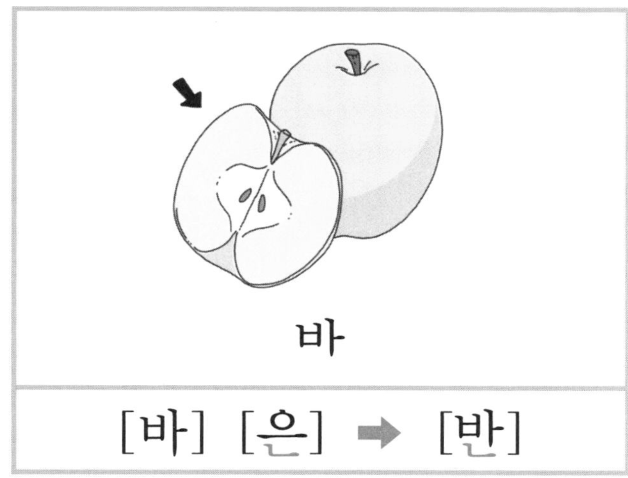

바

[바] [은] ➡ [반]

다음 단어들에 공통적으로 들어가는 받침을 찾아서 ○를 치세요.

반지, 수건, 친구, 우산, 리본, 단추, 편지, 안개, 만두, 타원

다음 단어에 알맞은 받침을 적어 넣어 봅시다.

바지	수거
치구	우사
리보	다추
펴지	아개
마두	타워

다음 단어들에 알맞은 받침을 써 넣고, 단어를 소리 내어 읽어 본 후, 알맞은 그림과 연결해 봅시다.

수거

아개

타워

우사

다추

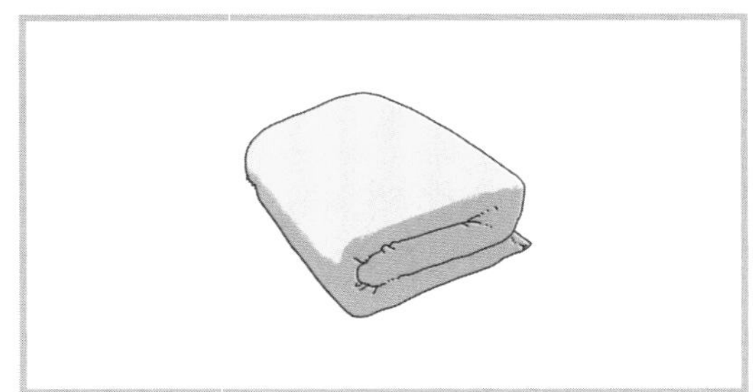

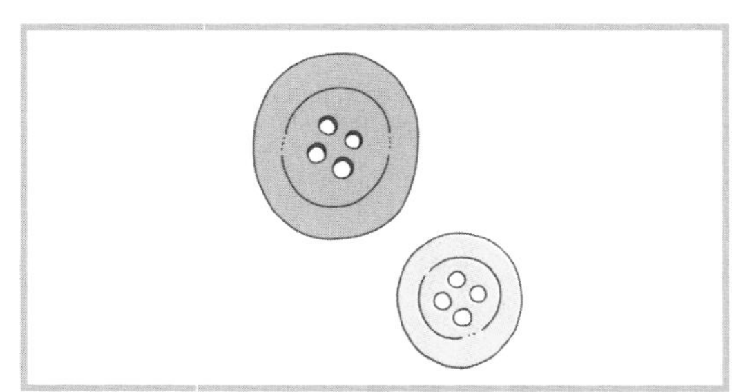

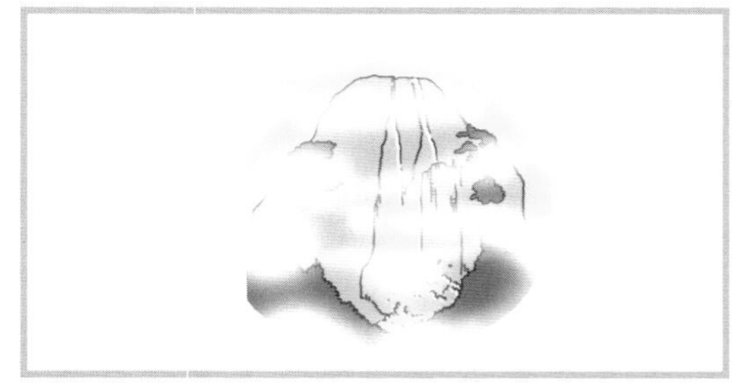

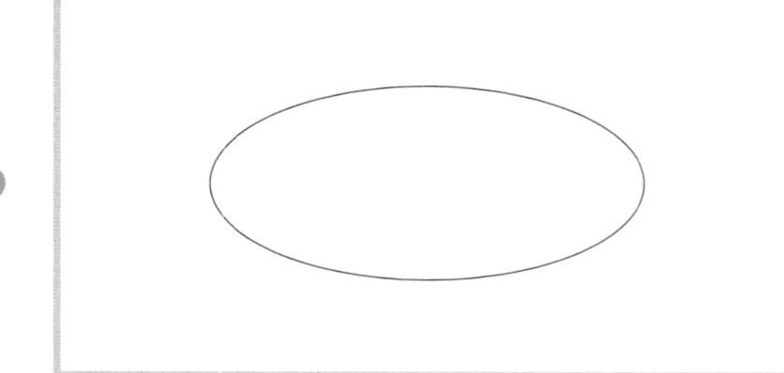

다음 두 단어를 비교해 봅시다. 다른 점을 찾아서 ○를 치세요.

라 랄

받침 낱자의 소리를 알아봅시다.

검정색으로 표시되어 있는 것처럼 글자 앞에 쓰이면 '르' 소리가 납니다.

초록색으로 표시되어 있는 것처럼 글자 아래 받침으로 쓰이면 '을' 소리가 납니다.

ㄹ

받침 낱자 'ㄹ'의 소리를 알아봅시다.

1. ㄹ 이 낱자의 이름은 '리을'입니다. 글자 아래 받침 'ㄹ'은 무슨 소리가 나나요? '을' 소리가 납니다.

2. 낱자의 소리를 말하면서 표시된 순서에 따라 써 봅시다.

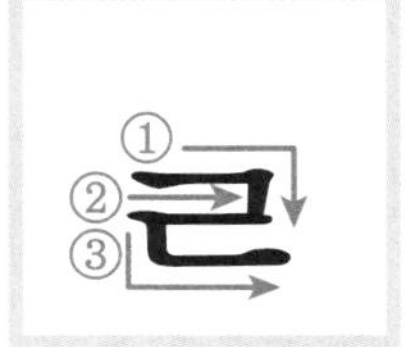

받침 'ㄹ'이 있는 단어를 읽어 봅시다.

 그림을 보면서 받침 ㄹ 소리를 연습해 봅시다.

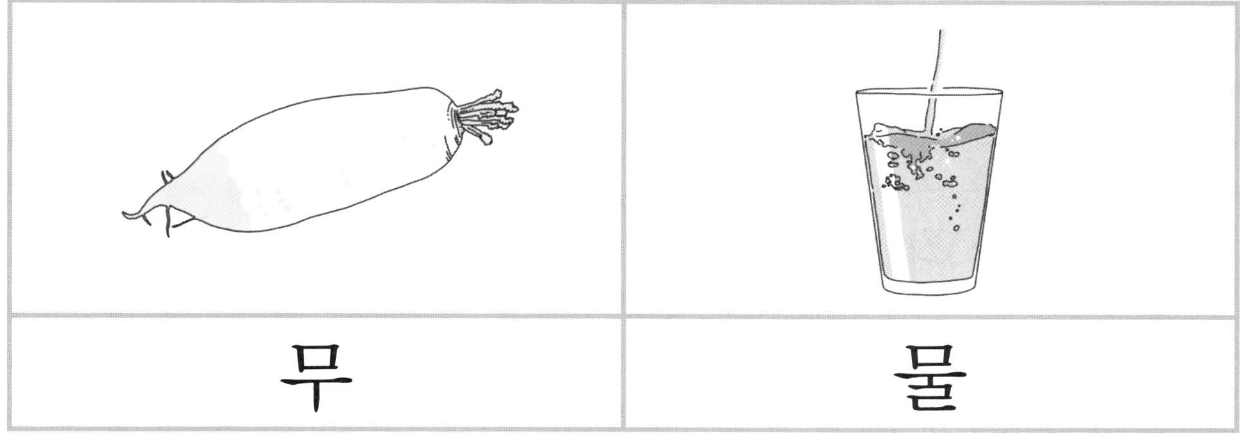

무와 ㄹ을 합치면 무슨 글자가 될까요?

1. 용수철을 사용하여 소리를 합쳐 봅시다.

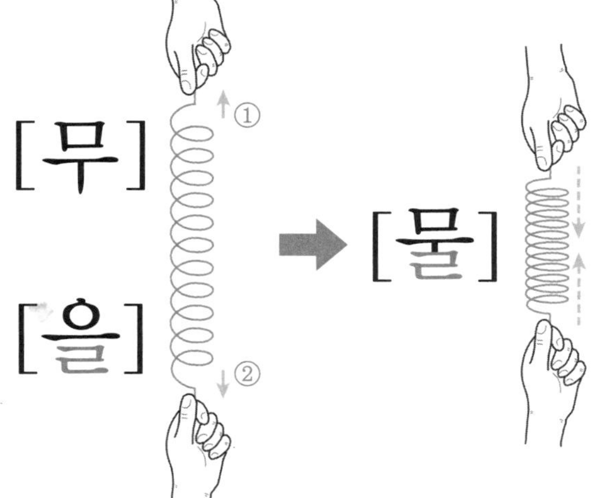

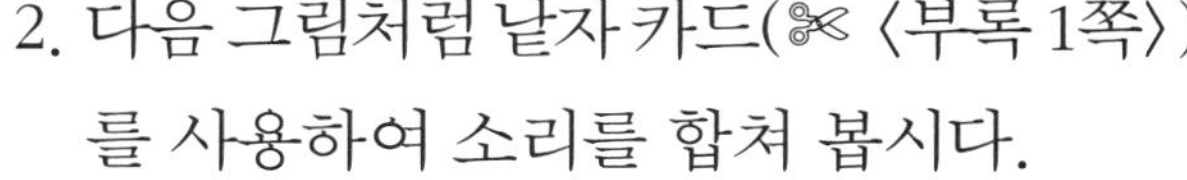
2. 다음 그림처럼 낱자 카드(✂ 〈부록 1쪽〉)를 사용하여 소리를 합쳐 봅시다.

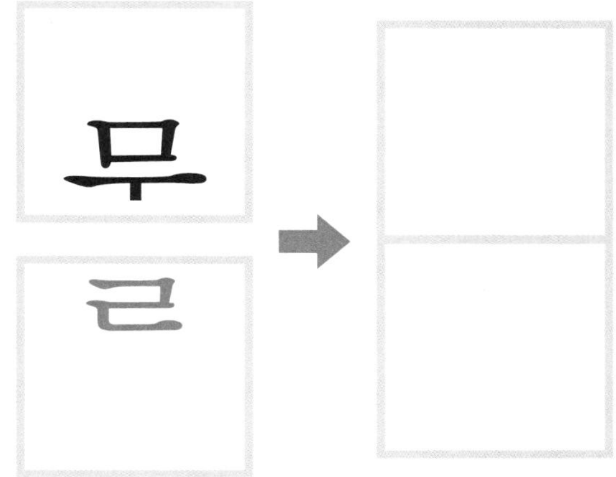

그림을 보면서 받침 ㄹ 소리를 연습해 봅시다.

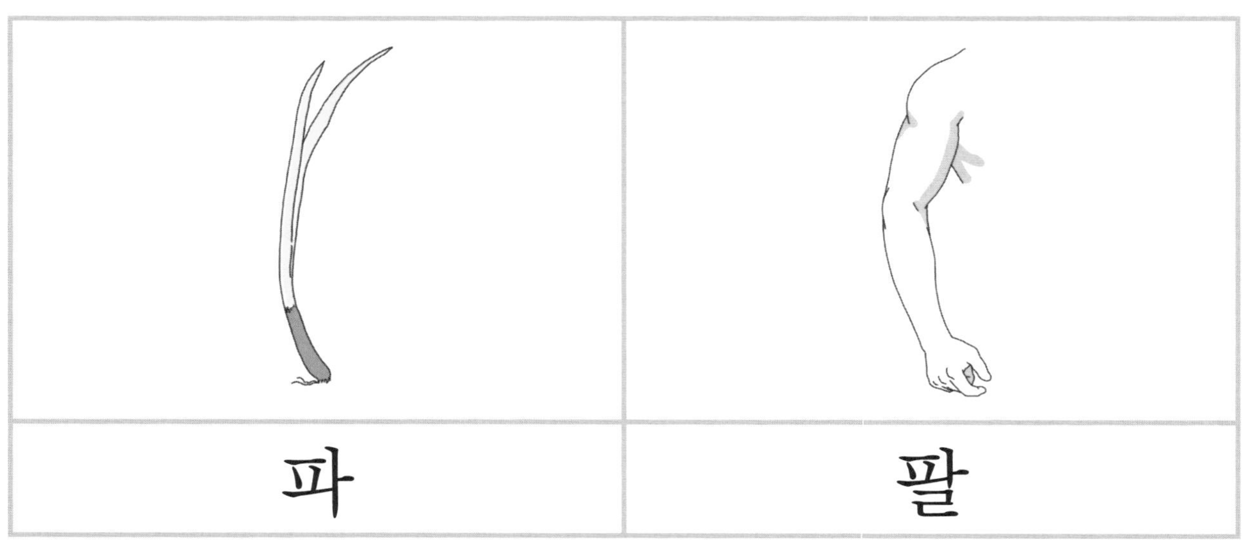

파와 ㄹ을 합치면 무슨 글자가 될까요?

1. 용수철을 사용하여 소리를 합쳐 봅시다.

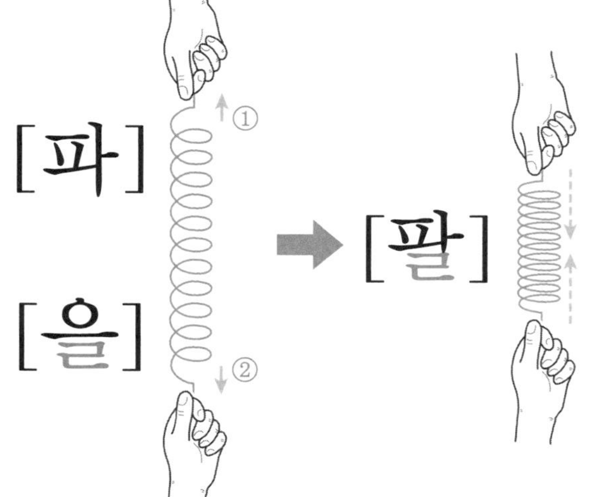

2. 다음 그림처럼 낱자 카드(✂ 〈부록 1쪽〉)를 사용하여 소리를 합쳐 봅시다.

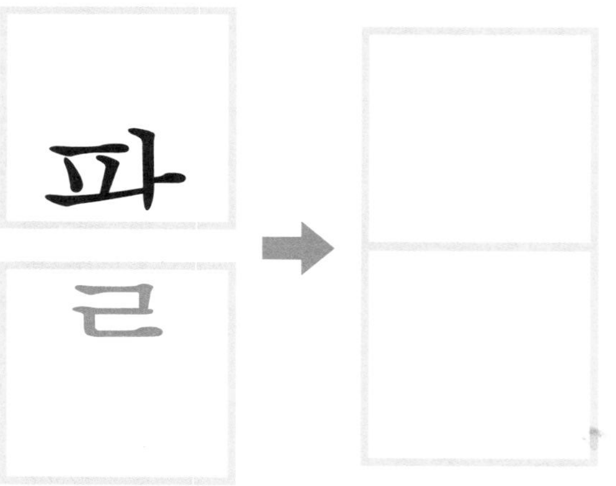

두 그림을 보고 각각의 단어를 말해 봅시다. 두 그림 중, 받침이 들어가야 할 단어에 알맞은 받침을 써 넣은 후, 단어를 읽어 봅시다.

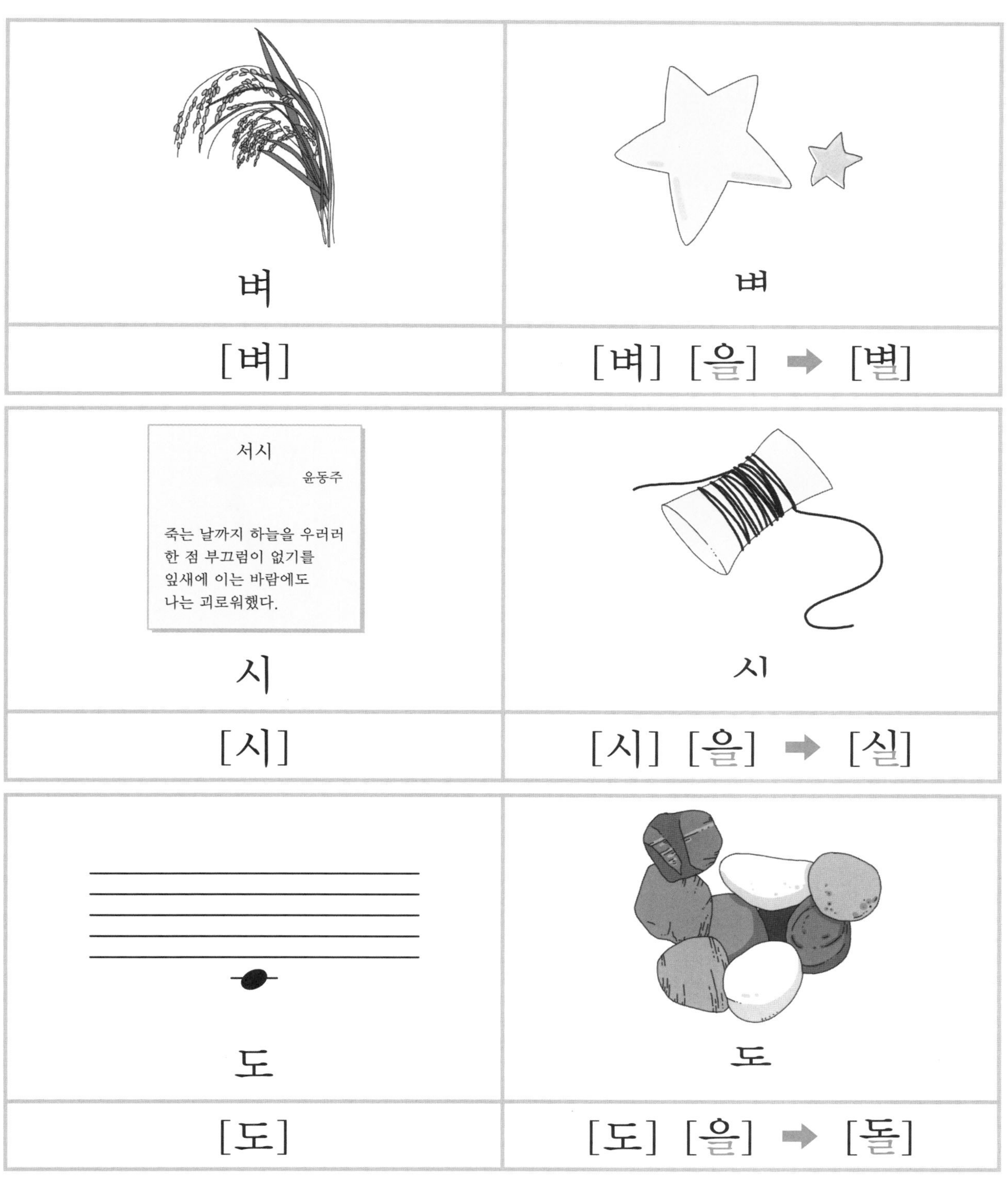

그림을 보고 알맞은 받침을 써 넣은 후, 단어를 읽어 봅시다.

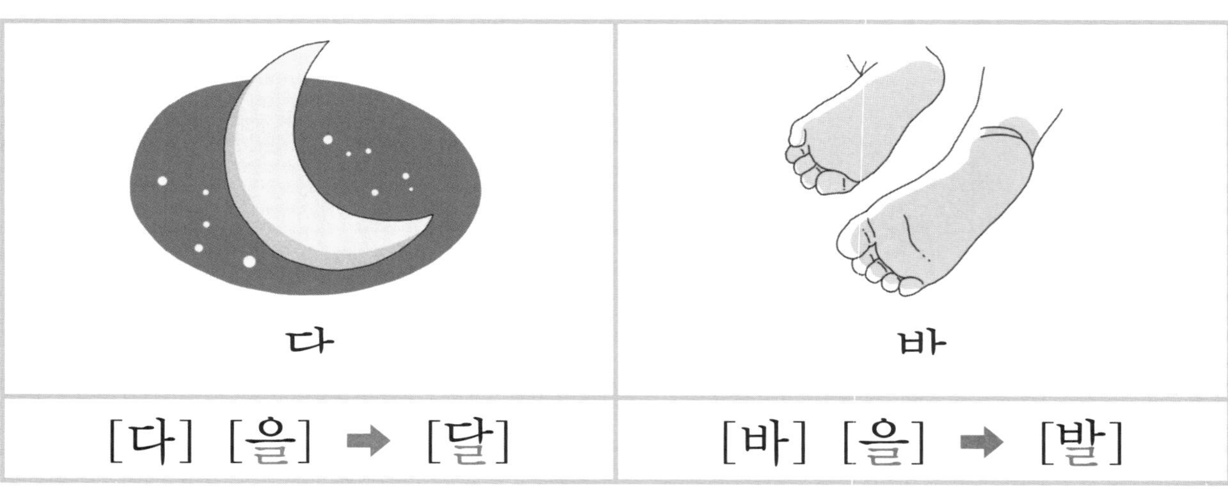

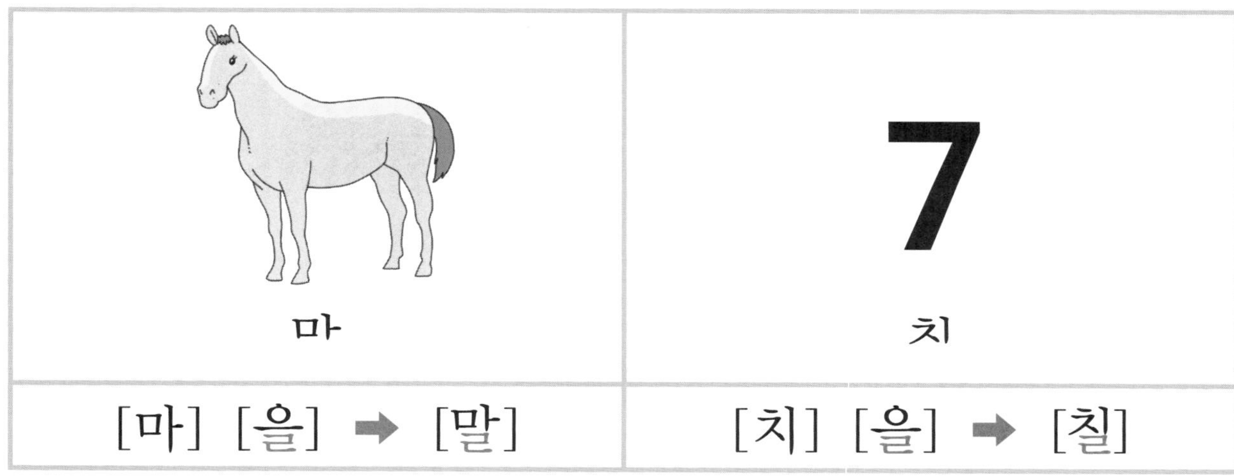

다음 단어들에 공통적으로 들어가는 받침을 찾아서 ○를 치세요.

거울, 바늘, 이불, 날개, 딸기, 하늘, 교실, 겨울

다음 단어에 알맞은 받침을 적어 넣어 봅시다.

거우	하느
바느	교시
이부	겨우
나개	따기

다음 단어들에 알맞은 받침을 써 넣고, 단어를 소리 내어 읽어 본 후, 알맞은 그림과 연결해 봅시다.

따기

겨우

교시

하느

〈보기〉의 단어를 소리 내어 읽어 봅시다. 그다음, 각 문장에 알맞은 단어를 〈보기〉에서 찾아 써 봅시다.

● 보기 ●

단추, 안개, 바늘, 수건, 편지, 떨어지다, 말리다, 찔리다, 반지

1. 엄마는 ______를 끼고 계신다.
2. 셔츠에 달린 ______가 떨어지다.
3. ______가 자욱하게 끼어 있다.
4. 갑자기 비가 __________.
5. 세수를 한 후 ______으로 물기를 닦았다.
6. 바느질을 하다가 ______에 찔렸다.
7. 드라이어로 머리를 ________.
8. 전학을 간 친구에게 ______를 쓰다.
9. 가시에 손가락을 ________.

다음 단어에 받침 ㄴ, ㄹ 중 알맞은 받침을 적고, 단어들을 소리 내어 읽어 봅시다.

어굴	나개
바느	거우
수거	하느
겨우	펴치다
찌리다	바지
다추	치구
떠어지다	마리다
아개	자다

이전 활동에서 완성한 단어들을 같은 받침을 가진 단어끼리 단어 카드(✄ 〈부록 6쪽〉)를 사용하여 붙여 봅시다. 그다음, 받침별로 소리 내어 읽어 봅시다.

받침 ㄴ	받침 ㄹ

"선생님이 불러 주는 단어를 받아 적는 문제입니다. 잘 듣고, 답안지에 단어를 받아 적어 보세요."

(정답지 p. 216에 평가 문항 제시)

번호	단어
1	
2	
3	
4	
5	
6	
7	
8	

2차시 홑받침 ㅁ, ㅇ: 뱀, 콩

학습목표

받침 ㅁ과 ㅇ이 들어간 글자와 단어를 정확하게 읽고 쓸 수 있다.

사전평가

"선생님이 불러 주는 단어를 받아 적는 문제입니다. 잘 듣고, 답안지에 단어를 받아 적어 보세요."

(정답지 p. 217에 평가 문항 제시)

번호	단어
1	
2	
3	
4	
5	
6	
7	
8	

다음 두 단어를 비교해 봅시다. 다른 점을 찾아서 ○를 치세요.

마 맘

받침 낱자의 소리를 알아봅시다.

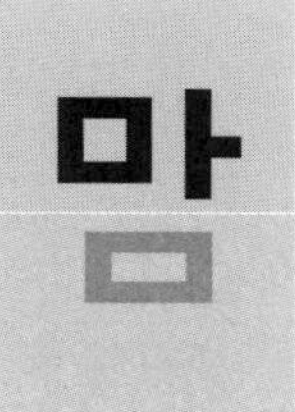

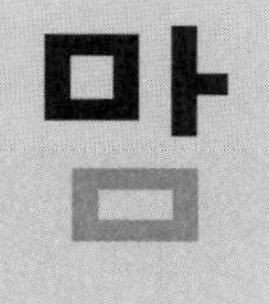

ㅁ

검정색으로 표시되어 있는 것처럼 글자 앞에 쓰이면 '므' 소리가 납니다.

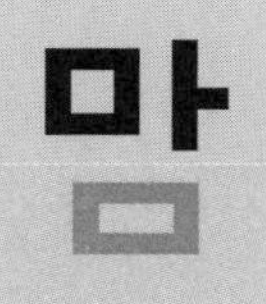

초록색으로 표시되어 있는 것처럼 글자 아래 받침으로 쓰이면 '음' 소리가 납니다.

받침 낱자 ‘ㅁ’의 소리를 알아봅시다.

 받침 ㅁ의 소리를 알아봅시다.

1. ㅁ 이 낱자의 이름은 ‘미음’입니다. 글자 아래 받침 ‘ㅁ’은 무슨 소리가 나나요? ‘음’ 소리가 납니다.

2. 낱자의 소리를 말하면서 표시된 순서에 따라 써 봅시다.

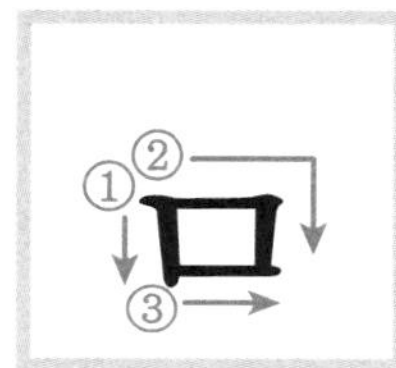

받침 'ㅁ'이 있는 단어를 읽어 봅시다.

그림을 보면서 받침 ㅁ 소리를 연습해 봅시다.

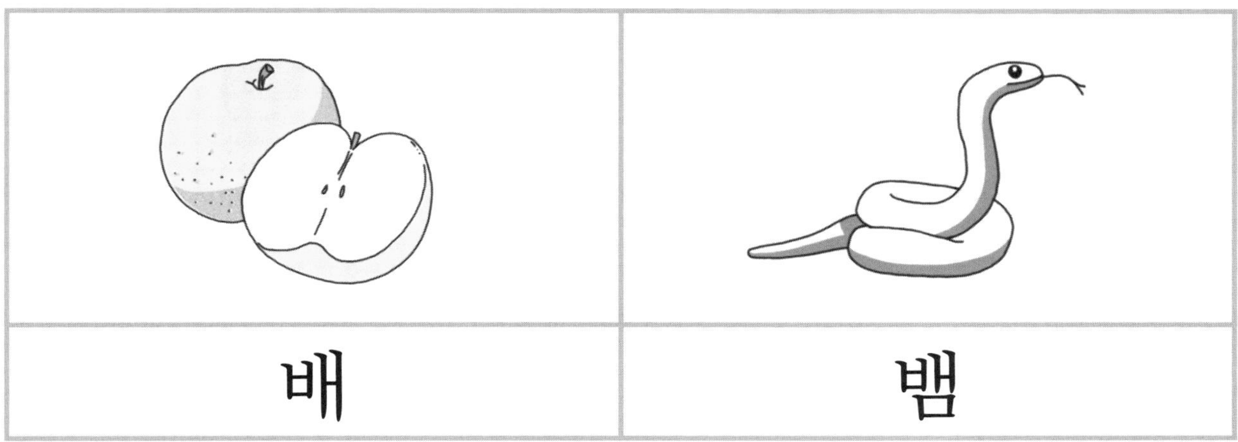

배와 ㅁ을 합치면 무슨 글자가 될까요?

1. 용수철을 사용하여 소리를 합쳐 봅시다.

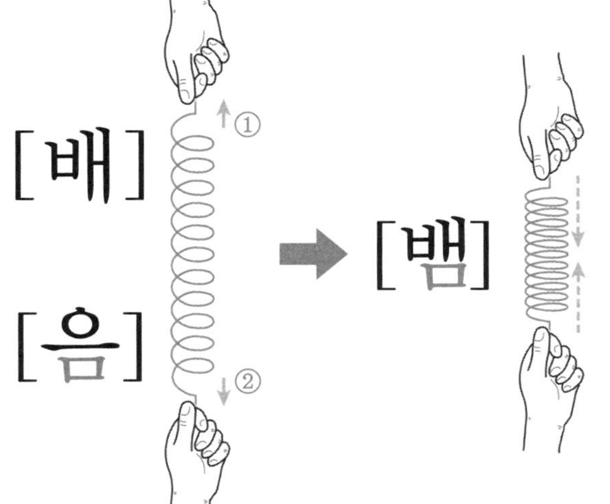

2. 다음 그림처럼 낱자 카드(✄ 〈부록 1쪽〉)를 사용하여 소리를 합쳐 봅시다.

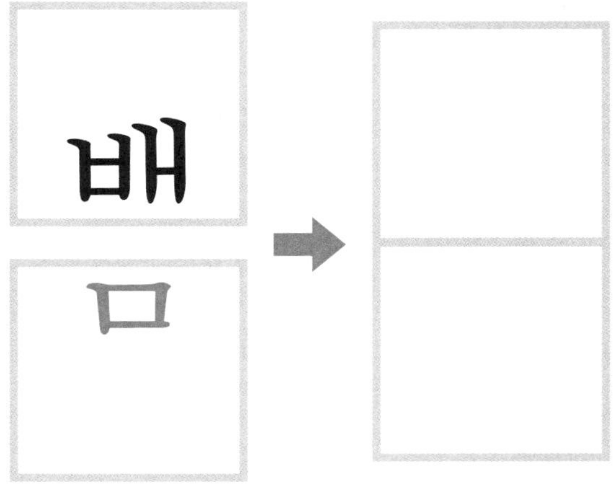

두 그림을 보고 각각의 단어를 말해 봅시다. 두 그림 중, 받침이 들어가야 할 단어에 알맞은 받침을 써 넣은 후, 단어를 읽어 봅시다.

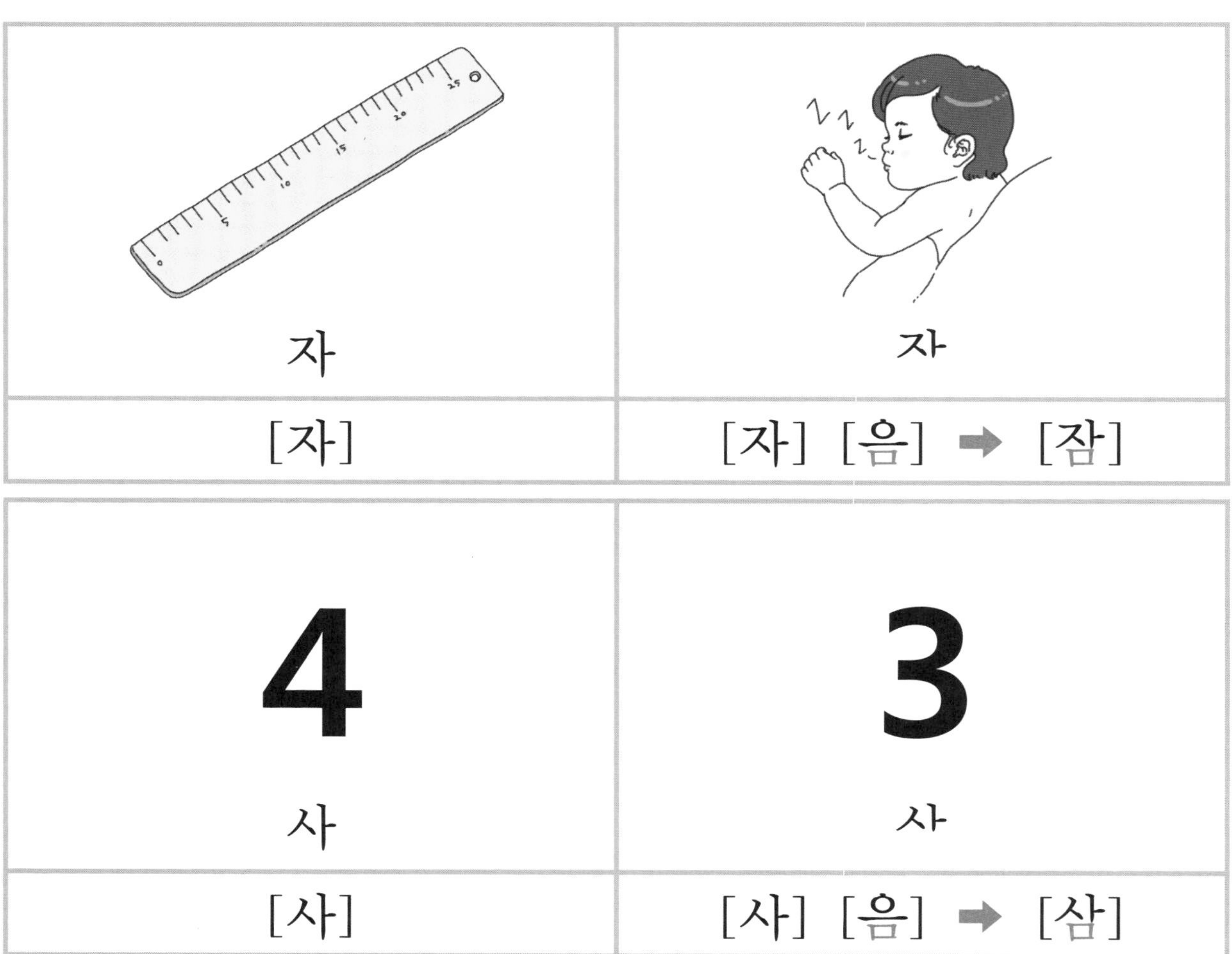

그림을 보고 알맞은 받침을 써 넣은 후, 단어를 읽어 봅시다.

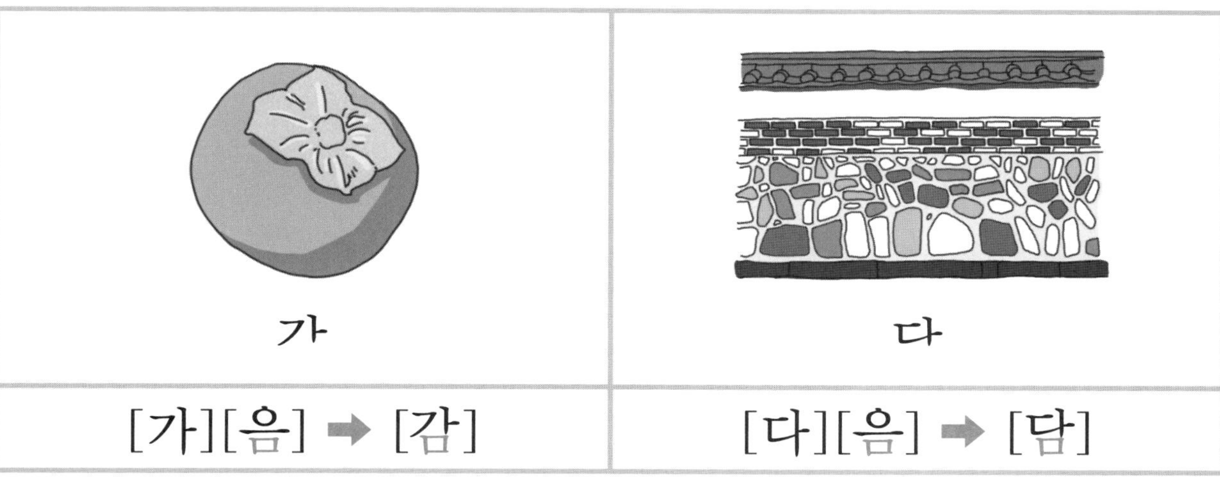

가	다
[가][음] ➡ [감]	[다][음] ➡ [담]

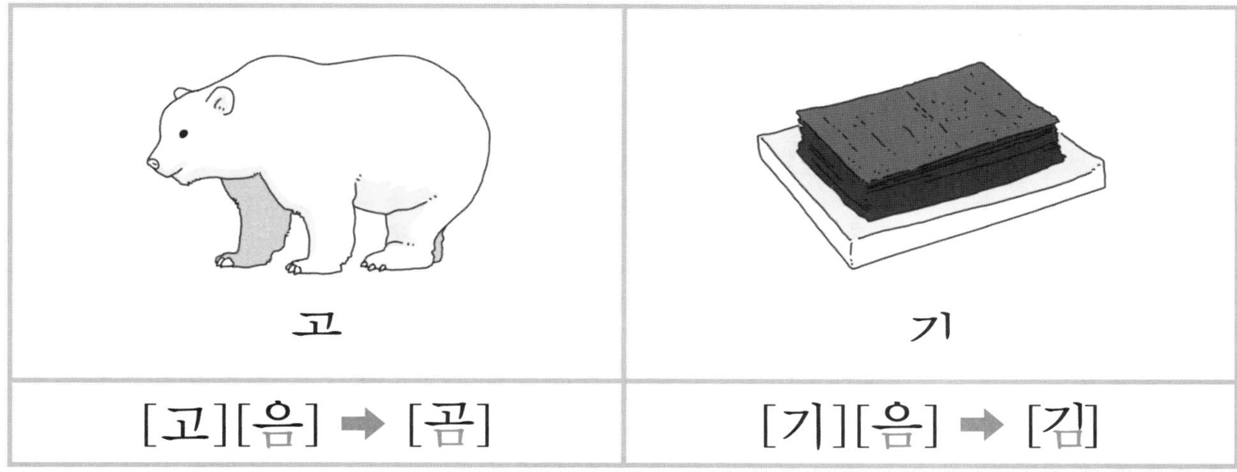

고	기
[고][음] ➡ [곰]	[기][음] ➡ [김]

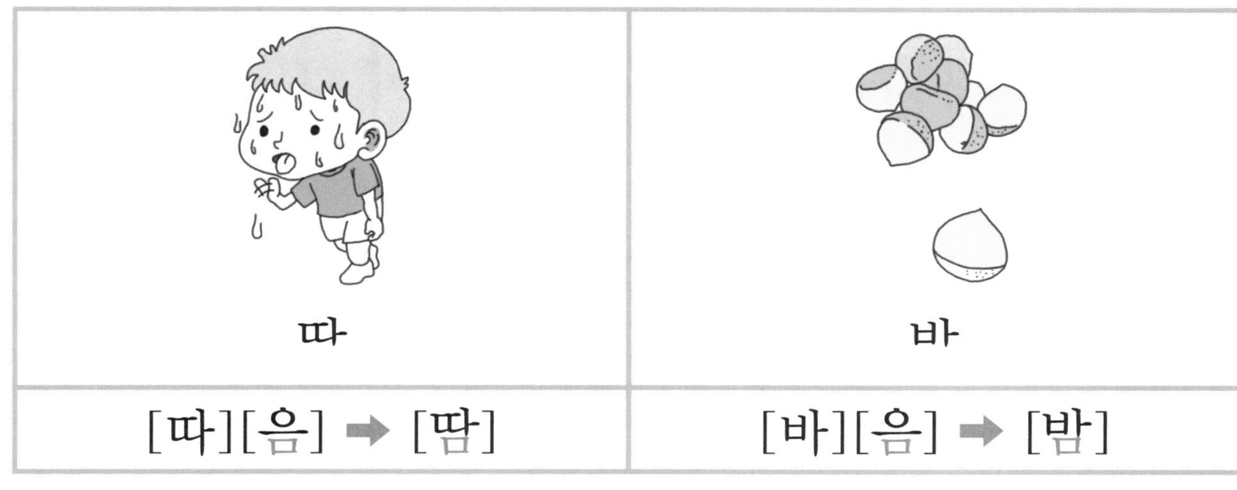

따	바
[따][음] ➡ [땀]	[바][음] ➡ [밤]

다음 단어들에 공통적으로 들어가는 받침을 찾아서 ○를 치세요.

구름, 김치, 침대, 염소, 그림, 사슴, 감자, 남매, 남자, 냄새, 가슴, 소금

다음 단어에 알맞은 받침을 적어 넣어 봅시다.

구르	사스
기치	가자
치대	나매
여소	나자
그리	내새
가스	소그

다음 단어들에 알맞은 받침을 써 넣고, 단어를 소리 내어 읽어 본 후, 알맞은 그림과 연결해 봅시다.

사스

나매

소그

나자

내새

가자

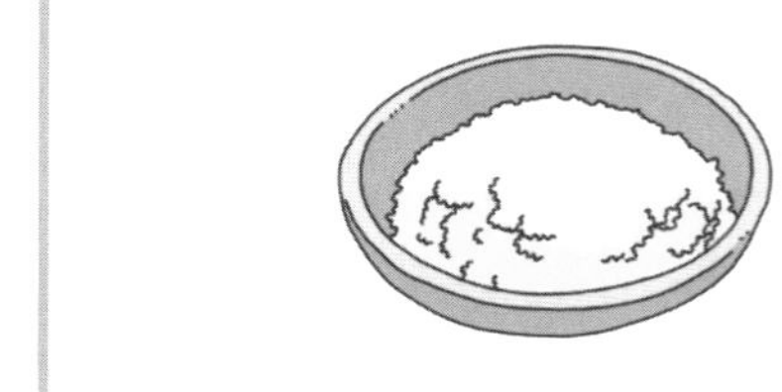

다음 두 단어를 비교해 봅시다. 다른 점을 찾아서 ○를 치세요.

아 앙

받침 낱자의 소리를 알아봅시다.

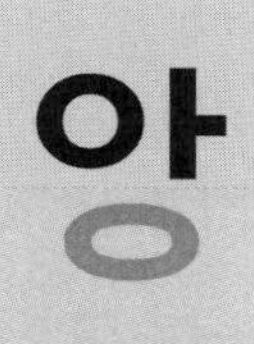

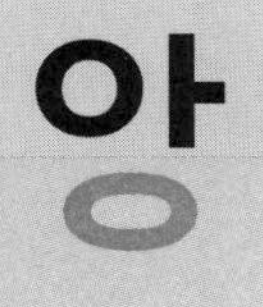

ㅇ
검정색으로 표시되어 있는 것처럼 글자 앞에 쓰이면 소리가 나지 않습니다.

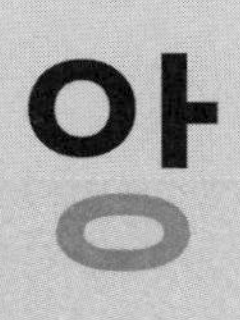

초록색으로 표시되어 있는 것처럼 글자 아래 받침으로 쓰이면 '응' 소리가 납니다.

받침 낱자 ‘ㅇ’의 소리를 알아봅시다.

1. [ㅇ] 이 낱자의 이름은 ‘이응’입니다. 글자 아래 받침 ‘ㅇ’은 무슨 소리가 나나요? ‘응’ 소리가 납니다.

2. 낱자의 소리를 말하면서 표시된 순서에 따라 써 봅시다.

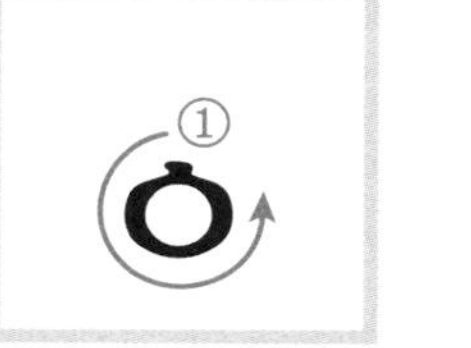

받침 'ㅇ'이 있는 단어를 읽어 봅시다.

그림을 보면서 받침 ㅇ 소리를 연습해 봅시다.

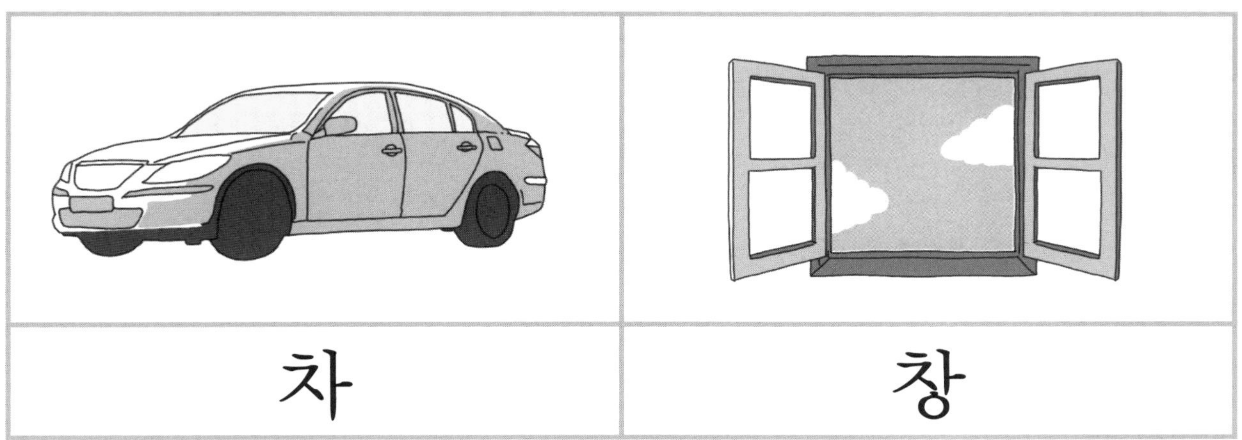

차	창

차와 ㅇ을 합치면 무슨 글자가 될까요?

1. 용수철을 사용하여 소리를 합쳐 봅시다.
2. 다음 그림처럼 낱자 카드(✂ 〈부록 1쪽〉)를 사용하여 소리를 합쳐 봅시다.

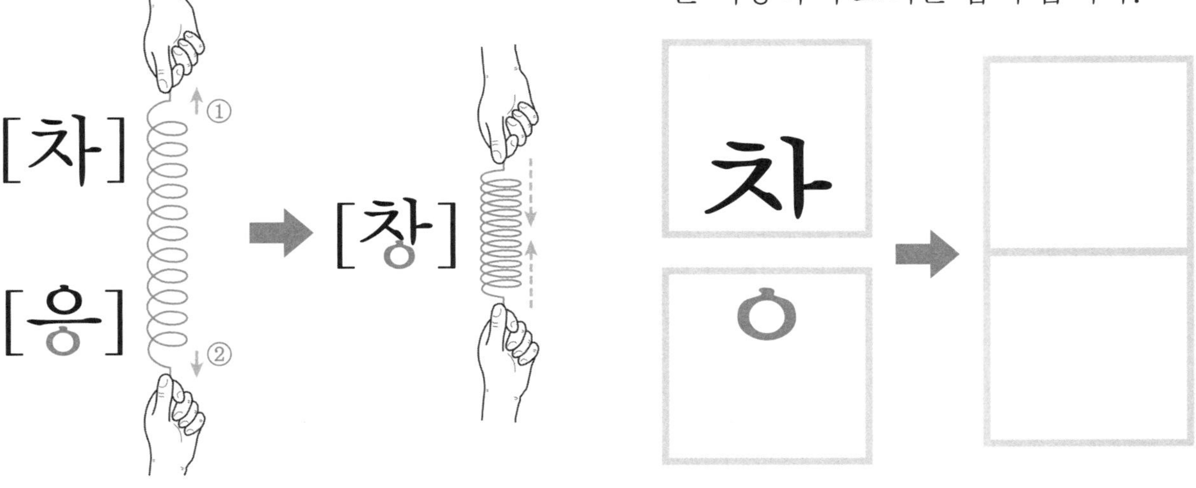

 그림을 보면서 받침 ㅇ 소리를 연습해 봅시다.

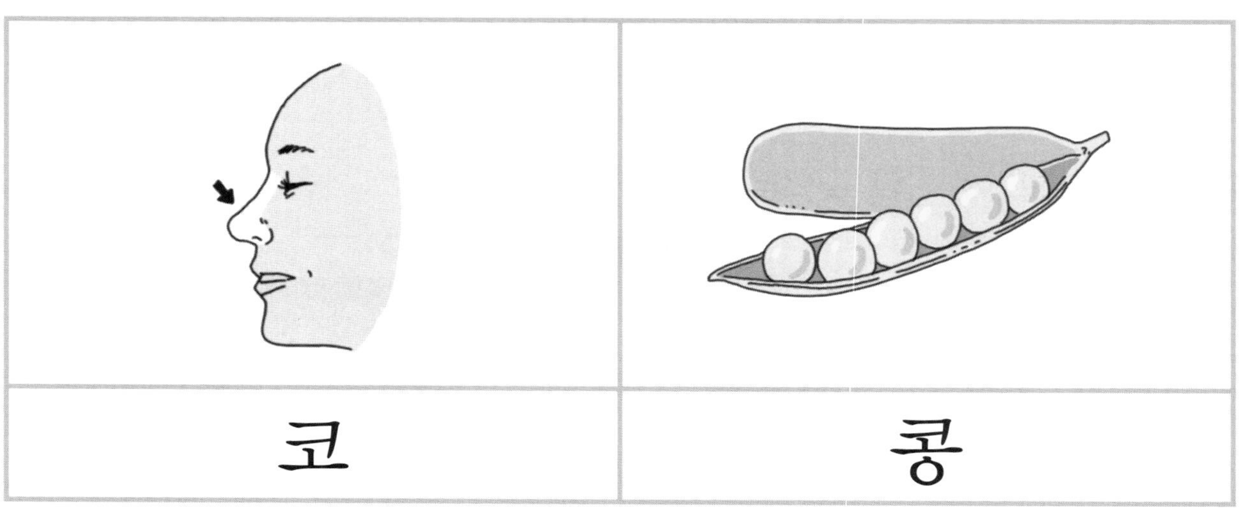

코	콩

가나 코와 ㅇ을 합치면 무슨 글자가 될까요?

1. 용수철을 사용하여 소리를 합쳐 봅시다.

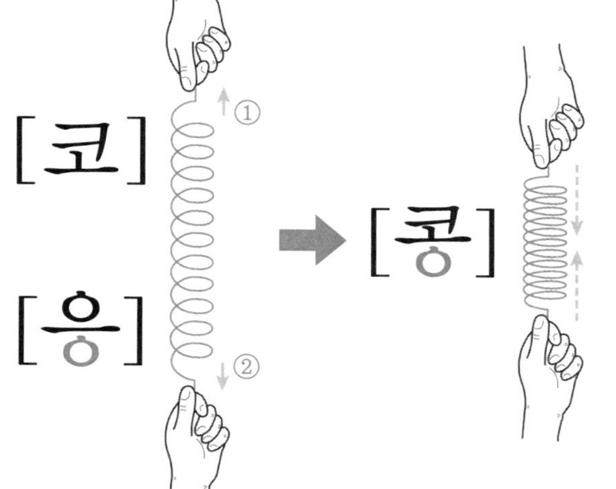

2. 다음 그림처럼 낱자 카드(✂ 〈부록 1쪽〉)를 사용하여 소리를 합쳐 봅시다.

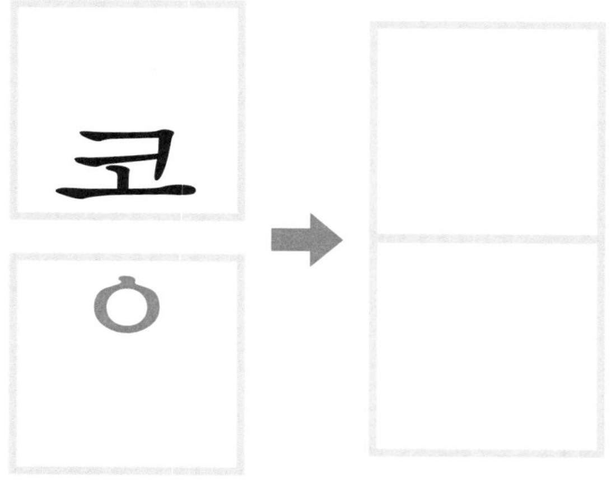

다음 중 받침이 들어가야 할 단어에 알맞은 받침을 써 넣은 후, 단어를 읽어 봅시다.

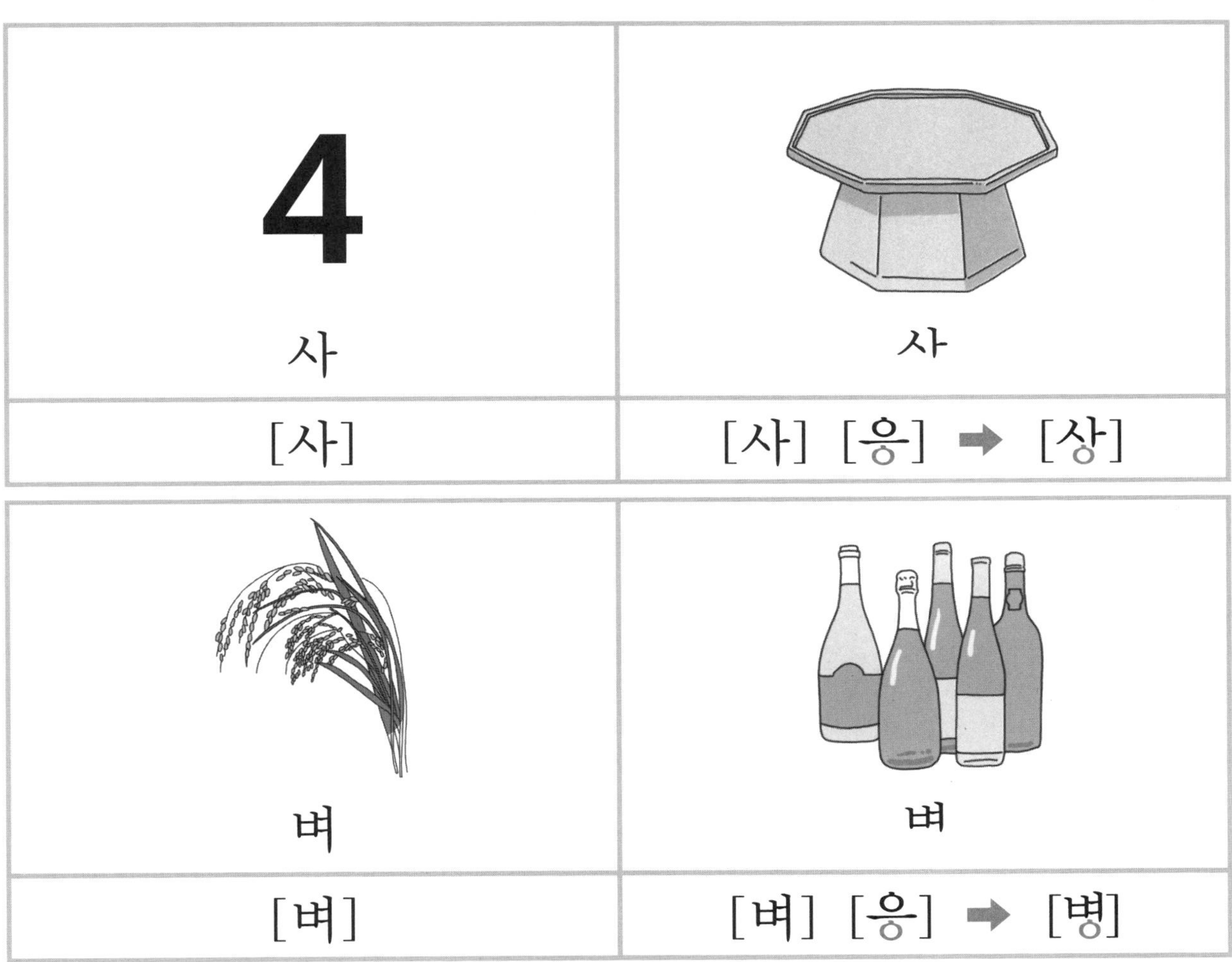

그림을 보고 알맞은 받침을 써 넣은 후, 단어를 읽어 봅시다.

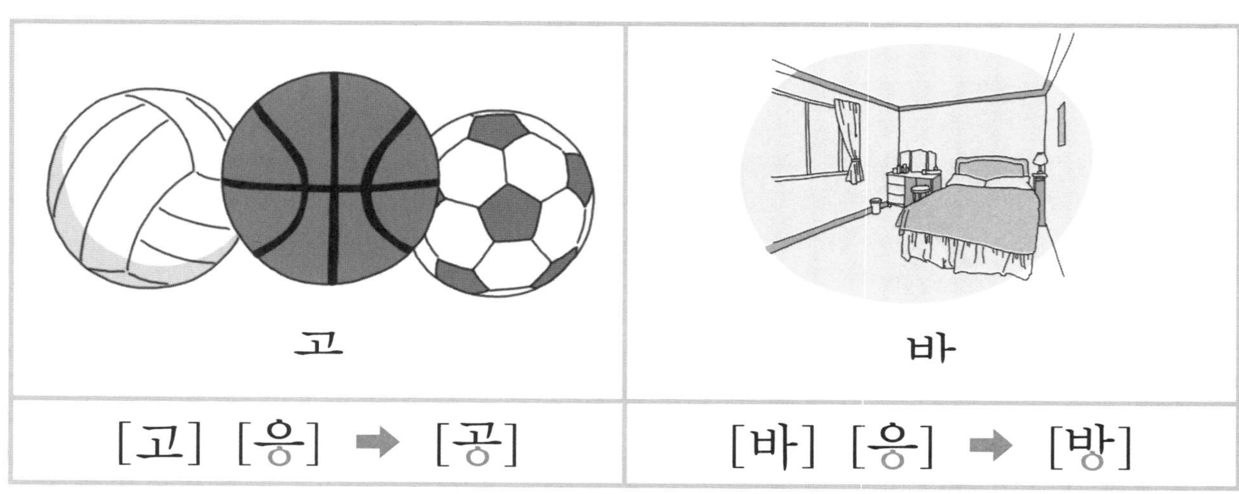

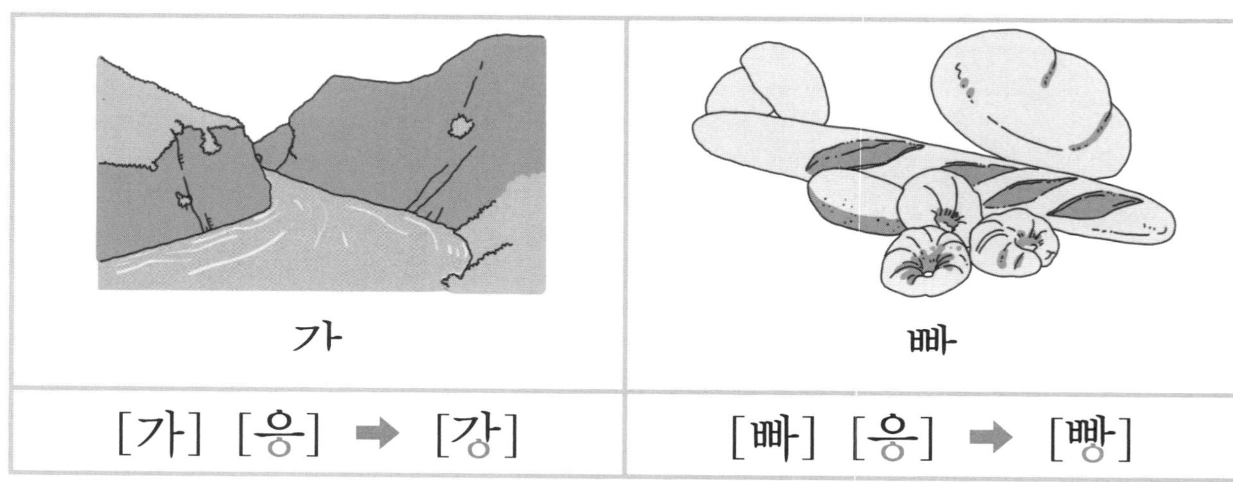

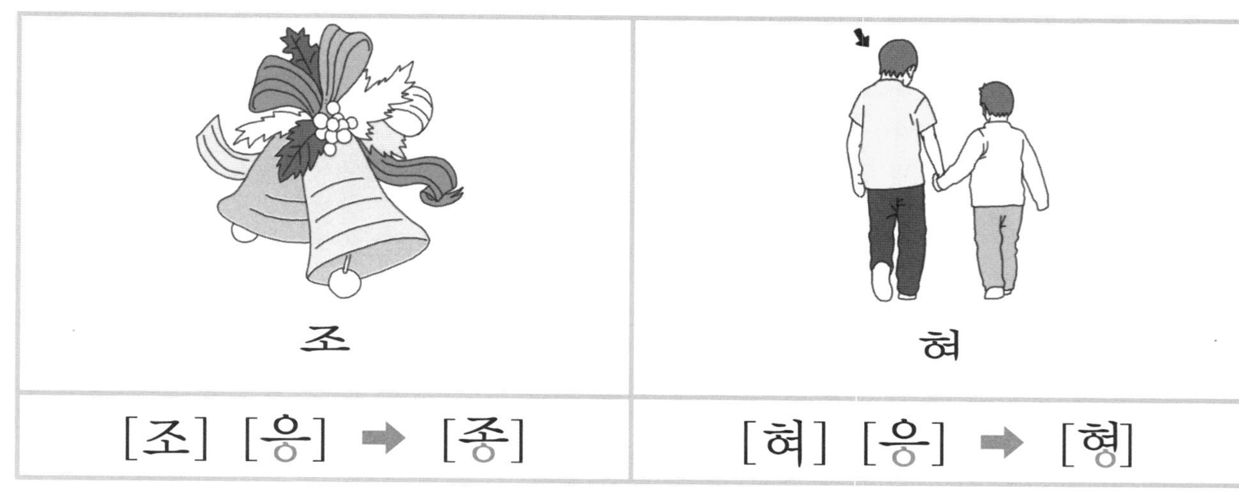

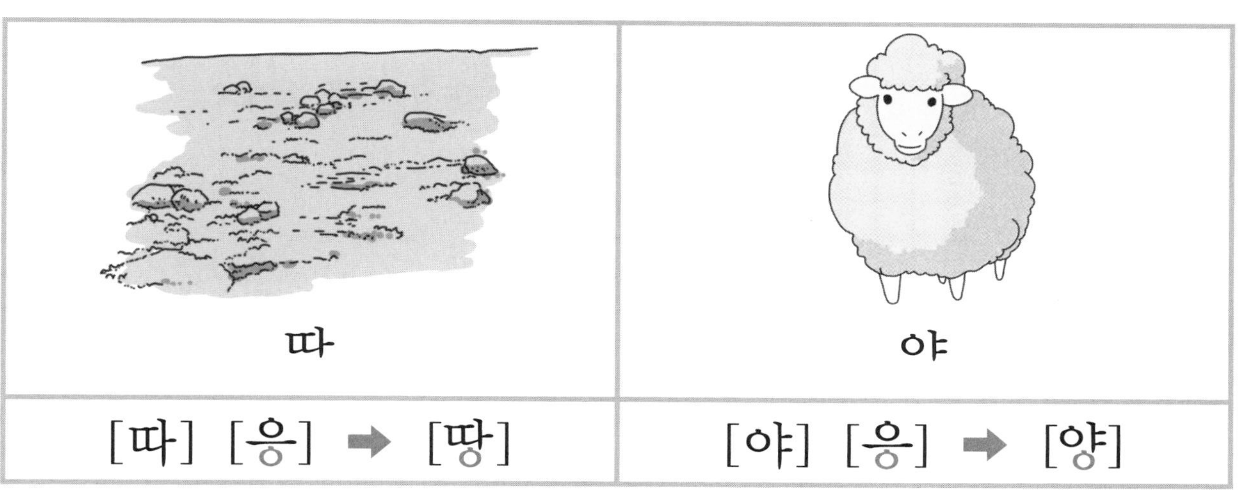

따
야
[따] [응] ➡ [땅]
[야] [응] ➡ [양]

0
요
여
[요] [응] ➡ [용]
[여] [응] ➡ [영]

다음 단어들에 공통적으로 들어가는 받침을 찾아서 ○를 치세요.

가방, 나방, 공부, 양파, 수영, 팽이, 종이, 장미, 장마, 왕자

다음 단어에 알맞은 받침을 적어 넣어 봅시다.

가바	패이
조이	자미
고부	나바
야파	자마
수여	와자

다음 단어들에 알맞은 받침을 써 넣고, 단어를 소리 내어 읽어 본 후, 알맞은 그림과 연결해 봅시다.

자마	
나바	
패이	
와자	
자미	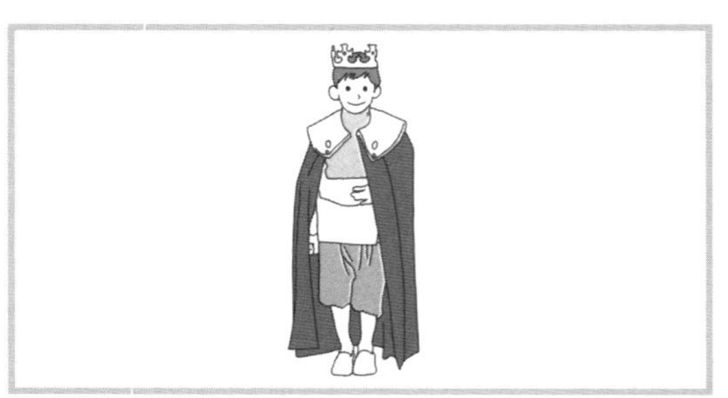

〈보기〉의 단어를 소리 내어 읽어 봅시다. 그다음, 각 문장에 알맞은 단어를 〈보기〉에서 찾아 써 봅시다.

● 보기 ●

김치, 그림, 남매, 가슴, 소금, 가방, 나방, 팽이, 냄새, 구름, 사슴

1. 가을 하늘이 ______ 한 점 없이 파랗다.
2. 동생과 함께 물감으로 ______을 그렸다.
3. 오빠와 나는 사이좋은 ______ 사이이다.
4. 친구와 나는 놀이터에서 ______를 돌렸다.
5. 숲속에서 뛰어다니는 ______을 보았다.
6. 국이 싱거워 ______을 넣었다.
7. ______은 나비와 비슷하게 생겼다.
8. ______에 준비물을 챙겨 넣었다.
9. 된장찌개 ______가 구수하다.
10. ______는 한국을 대표하는 음식이다.
11. 곤충은 머리, ______, 배로 나뉘어 있다.

다음 단어에 받침 ㅁ, ㅇ 중 알맞은 받침을 적고, 단어들을 소리 내어 읽어 봅시다.

 야파	 기치
 가바	 치대
 자미	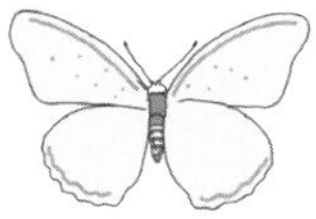 나바
 가스	 여소
 자마	 내새
 가자	 패이
 나매	 고부
 사스	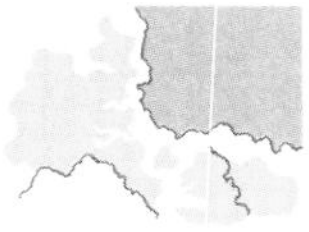 구르
 수여	 그리
 와자	 나자

이전 활동에서 완성한 단어들을 같은 받침을 가진 단어끼리 단어 카드(✂ 〈부록 6쪽〉)를 사용하여 붙여 봅시다. 그다음, 받침별로 소리 내어 읽어 봅시다.

받침 ㅁ	받침 ㅇ

"선생님이 불러 주는 단어를 받아 적는 문제입니다. 잘 듣고, 답안지에 단어를 받아 적어 보세요."

(정답지 p. 217에 평가 문항 제시)

번호	단어
1	
2	
3	
4	
5	
6	
7	
8	

일러두기(3차시)

음절 끝소리 법칙

음절 끝소리 자음(종성)은 [ㄱ, ㄴ, ㄷ, ㄹ, ㅁ, ㅂ, ㅇ] 중 하나로 발음된다.
[ㄷ]으로 발음되는 받침 자음: ㄷ(걷다), ㅅ(웃다), ㅈ(젖다), ㅌ(같다), ㅊ(꽃), ㅎ(좋다), ㅆ(화났다)
예) 받침 ㅅ: 웃다 → [욷따]
젖다 → [젇따]
예) 받침 ㄷ: 걷다 → [걷따]
믿다 → [믿따]

분석적 파닉스 교수

분석적 파닉스 교수는 단어 내에서 낱자-소리의 대응관계를 파악하도록 가르치는 단어인지 교수법이다. 이를 위해 교수자는 같은 소리를 포함한 단어들(예, 웃다, 젓다, 긋다)을 제시한 후, 학생이 이 단어들은 모두 받침 'ㅅ'이 있고, 받침 'ㅅ'은 [읃] 소리가 난다는 것을 파악하도록 지도해야 한다.

음운처리 중심 철자 교수법

음운처리 중심 교수법은 낱자-소리 대응관계를 가르치고, 소리에 대응하는 낱자를 올바르게 표기함으로써 단어를 철자하도록 가르치는 교수법이다. 음운처리 중심 교수법은 합성 파닉스 교수법에 근거한 철자 교수법이라고 할 수 있다.

표기처리 중심 철자 교수법

표기처리 중심 철자 교수법은 단어의 발음뿐 아니라 단어의 시각적인 형태에도 초점을 맞추어 가르치는 교수법이다. 특히 음절 끝소리 법칙이 적용되어 같은 발음(예, [읃])이 나지만, 다르게 표기하는 받침들(예, ㄷ, ㅅ, ㅈ, ㅌ, ㅊ, ㅎ, ㅆ)의 경우, 받침의 형태에 초점을 맞추도록 강조한다. 이를 위해 받침에 ○를 치도록 하는 활동이나 알맞은 받침을 써 넣도록 하는 활동 등을 할 수 있다.

가리고-기억하여 쓰고-비교하기

가리고, 기억하여 쓰고, 비교하기(cover, copy, compare)는 자기 교정법에 속하는 활동이다. 학생에게 단어를 보여 준 다음, 단어를 가리고(cover), 약간의 시간(예, 약 3초)을 주어 학생이 단어를 기억하여 쓰도록 하고(copy), 그다음 다시 단어를 보여 주어 해당 단어와 자신의 답을 비교하여 답을 확인하게 한다(compare).

단어 분류하기

단어 분류하기는 단어를 구체적인 기준에 따라 구분하는 활동을 의미한다. 예를 들어, 같은 받침이 있는 단어들끼리 구분하도록 하는 활동이 이에 해당한다.

3차시 홑받침 ㅅ, ㄷ: 웃다, 걷다

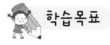

받침 ㅅ과 ㄷ이 들어간 글자와 단어를 정확하게 읽고 쓸 수 있다.

"선생님이 불러 주는 단어를 받아 적는 문제입니다. 잘 듣고, 답안지에 단어를 받아 적어 보세요."

(정답지 p. 217에 평가 문항 제시)

번호	단어
1	
2	
3	
4	
5	
6	
7	
8	

수업

제목을 살펴봅시다. 제목에서 받침에 ○를 쳐 봅시다.

웃다, 걷다

다음 단어들에 공통적으로 들어가는 받침을 찾아서 ○를 치세요.

웃다, 낫다, 솟다, 짓다, 젓다, 긋다, 붓다, 빗다, 잇다

받침 낱자 'ㅅ'의 소리를 알아봅시다.

 받침 ㅅ의 소리를 알아봅시다.

1. ㅅ 이 낱자의 이름은 '시옷'입니다. 글자 아래 받침 'ㅅ'은 무슨 소리가 나나요? '읃' 소리가 납니다.

2. 그림을 보면서 받침 ㅅ 소리를 연습해 봅시다.

[웃다] ➡ [우읃따][욷따]

3. 낱자의 소리를 말하면서 표시된 순서에 따라 써 봅시다.

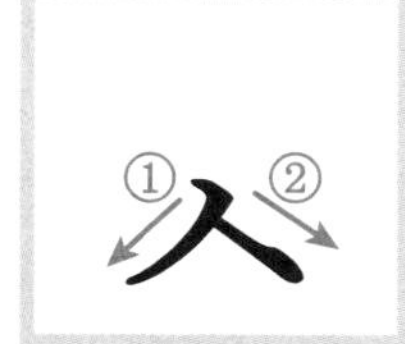

글자를 만들어 봅시다.

우와 ㅅ을 합치면 무슨 글자가 될까요?

1. 용수철을 사용하여 소리를 합쳐 봅시다.

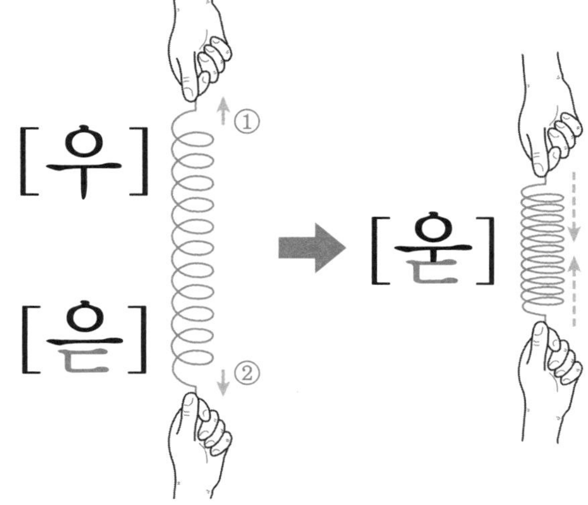

2. 다음 그림처럼 낱자 카드(✂ 〈부록 2쪽〉)를 사용하여 소리를 합쳐 봅시다.

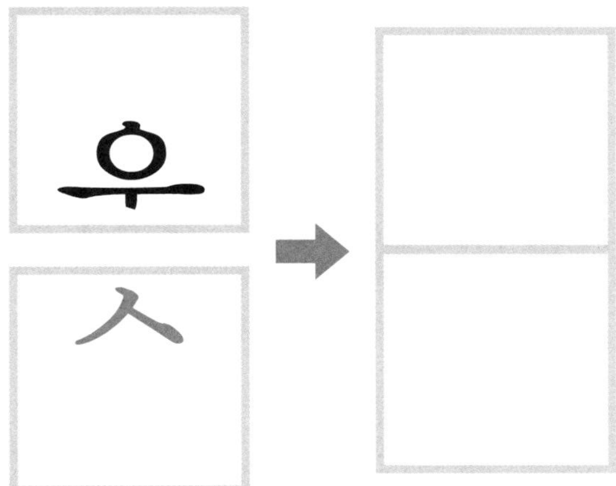

소와 ㅅ을 합치면 무슨 글자가 될까요?

1. 용수철을 사용하여 소리를 합쳐 봅시다.

2. 다음 그림처럼 낱자 카드(✂ 〈부록 2쪽〉)를 사용하여 소리를 합쳐 봅시다.

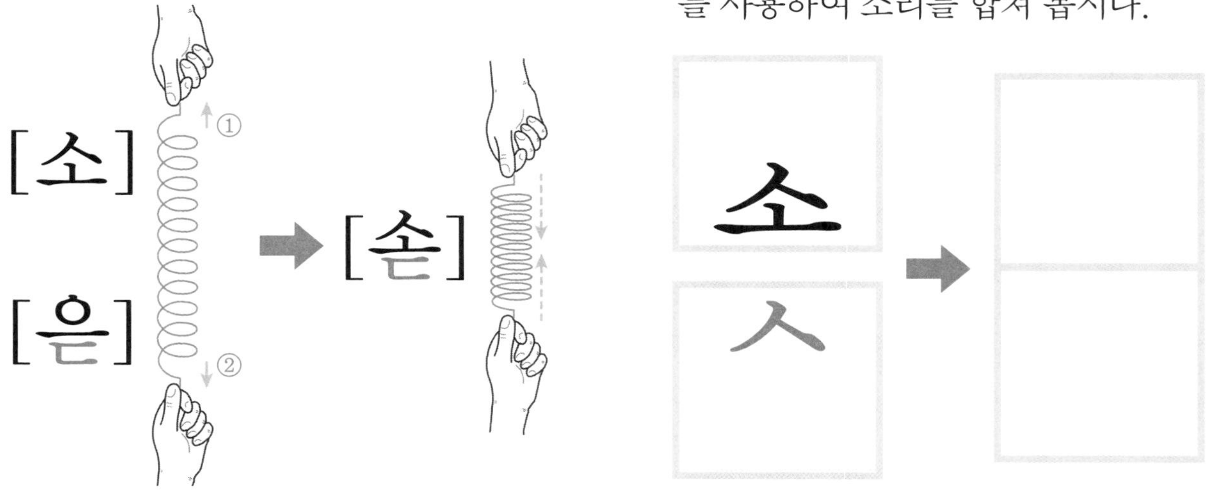

저와 ㅅ을 합치면 무슨 글자가 될까요?

1. 용수철을 사용하여 소리를 합쳐 봅시다.

2. 다음 그림처럼 낱자 카드(✂ 〈부록 2쪽〉)를 사용하여 소리를 합쳐 봅시다.

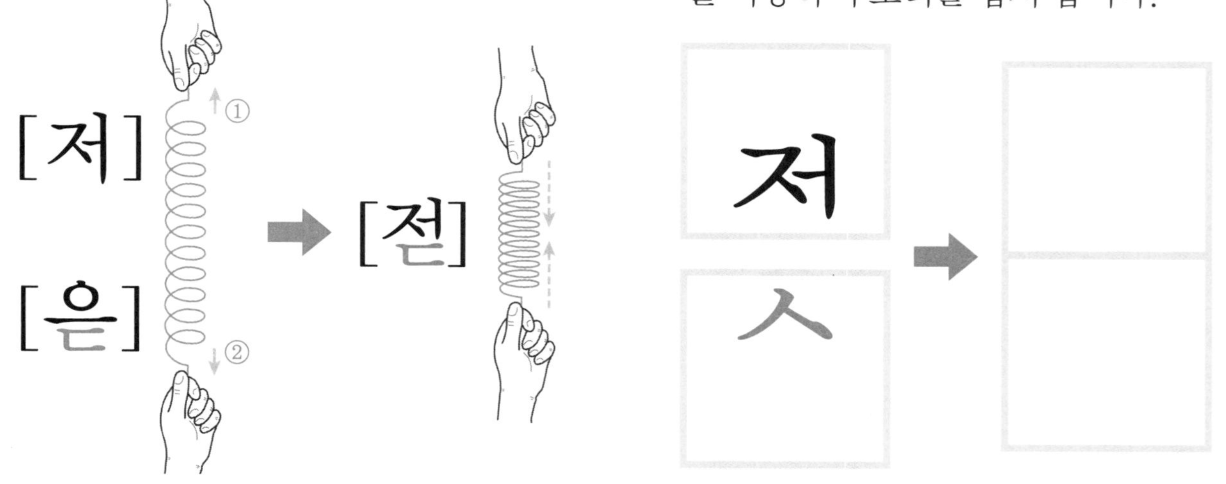

 비와 ㅅ을 합치면 무슨 글자가 될까요?

1. 용수철을 사용하여 소리를 합쳐 봅시다.

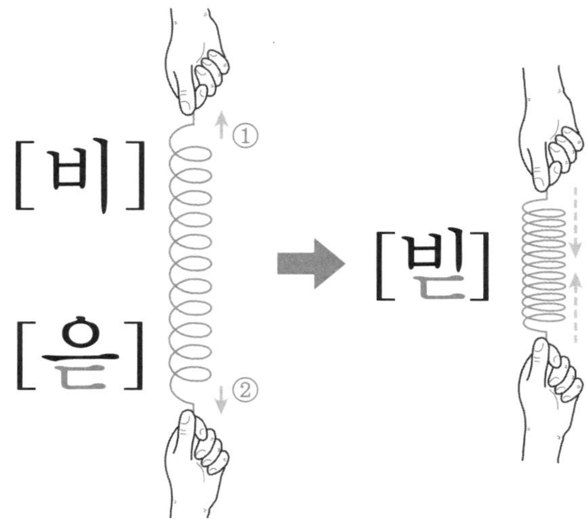

2. 다음 그림처럼 낱자 카드(✂ 〈부록 2쪽〉)를 사용하여 소리를 합쳐 봅시다.

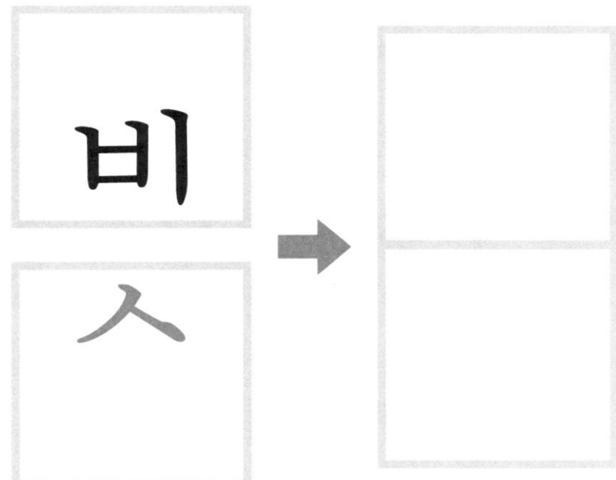

다음 단어들에 알맞은 받침을 써 넣고, 문장을 소리 내어 읽어 본 후, 단어의 뜻을 알아봅시다.

활짝 우다	➡	기쁜 표정으로 기뻐하다.
병이 나다	➡	병이나 상처가 없어지다.
불길이 하늘로 소다	➡	세차게 위로 나오다.
집을 지다	➡	만들다.
노를 저다	➡	배가 가게 하기 위해 노를 움직이다.
줄을 그다	➡	줄을 치다.
물을 부다	➡	물 등을 쏟다.
머리를 비다	➡	머리를 빗으로 가지런히 하다.
다리를 이다	➡	붙여서 하나로 만들다.

받침 'ㅅ'이 들어간 단어의 받침에 ○를 치면서 단어를 읽고, 알맞은 뜻을 연결시켜 봅시다.

낫다	●	●	기쁜 표정으로 기뻐하다.
솟다	●	●	병이나 상처가 없어지다.
웃다	●	●	세차게 위로 나오다.
짓다	●	●	만들다.
젓다	●	●	배가 가게 하기 위해 노를 움직이다.
긋다	●	●	붙여서 하나로 만들다.
붓다	●	●	물 등을 쏟다.
빗다	●	●	머리를 빗으로 가지런히 하다.
잇다	●	●	줄을 치다.

다음 단어들에 공통적으로 들어가는 받침을 찾아서 ○를 치세요.

걷다, 돋다, 믿다, 묻다, 뜯다, 굳다, 받다

받침 낱자 'ㄷ'의 소리를 알아봅시다.

받침 ㄷ의 소리를 알아봅시다.

1. ㄷ 이 낱자의 이름은 '디귿'입니다. 글자 아래 받침 'ㄷ'은 무슨 소리가 나나요? '읃' 소리가 납니다.

2. 그림을 보면서 받침 ㄷ 소리를 연습해 봅시다.

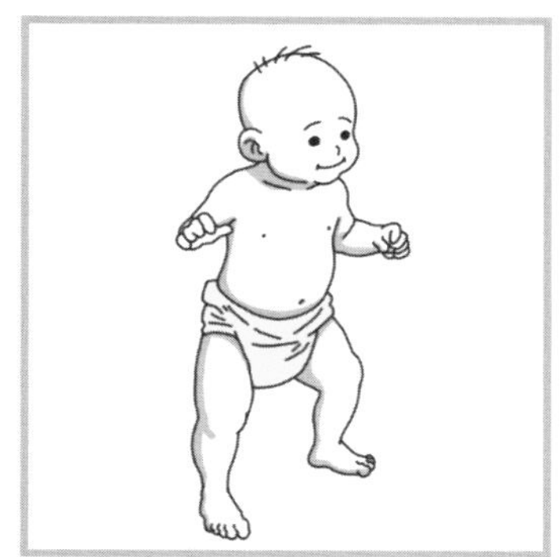

[걷다] → [거읃따][걷따]

3. 낱자의 소리를 말하면서 표시된 순서에 따라 써 봅시다.

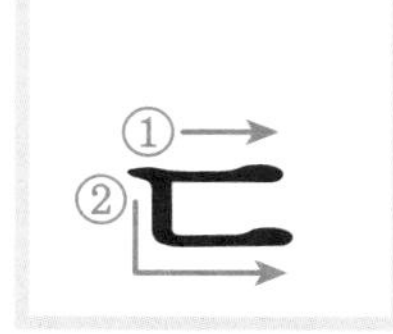

글자를 만들어 봅시다.

거와 ㄷ을 합치면 무슨 글자가 될까요?

1. 용수철을 사용하여 소리를 합쳐 봅시다.

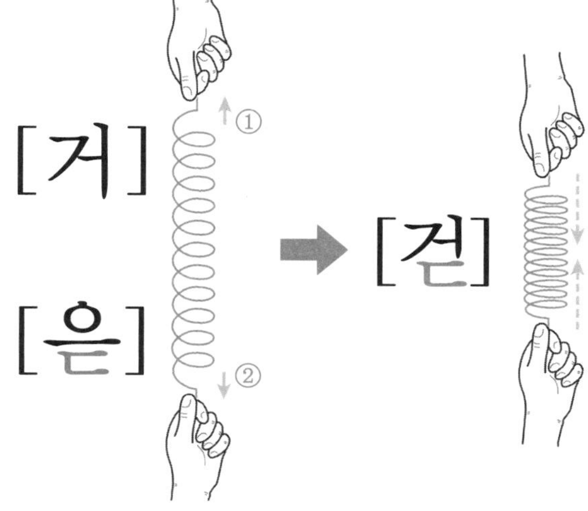

2. 다음 그림처럼 낱자 카드(✂ 〈부록 2쪽〉)를 사용하여 소리를 합쳐 봅시다.

미와 ㄴ을 합치면 무슨 글자가 될까요?

1. 용수철을 사용하여 소리를 합쳐 봅시다.

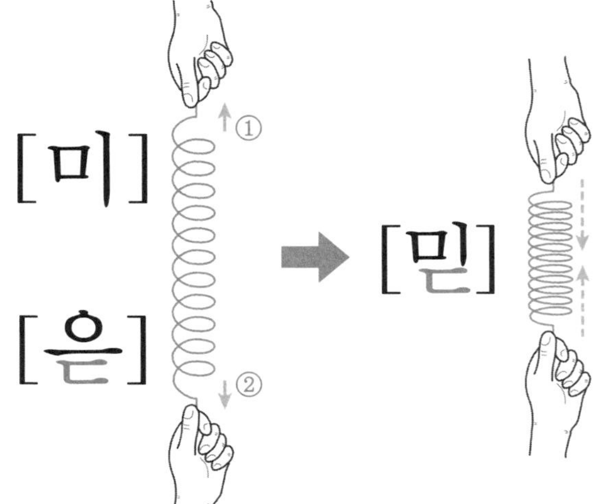

2. 다음 그림처럼 낱자 카드(✂ 〈부록 2쪽〉)를 사용하여 소리를 합쳐 봅시다.

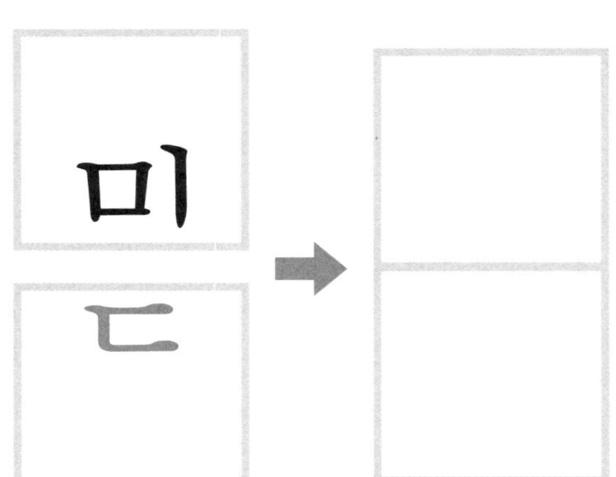

뜨와 ㄴ을 합치면 무슨 글자가 될까요?

1. 용수철을 사용하여 소리를 합쳐 봅시다.

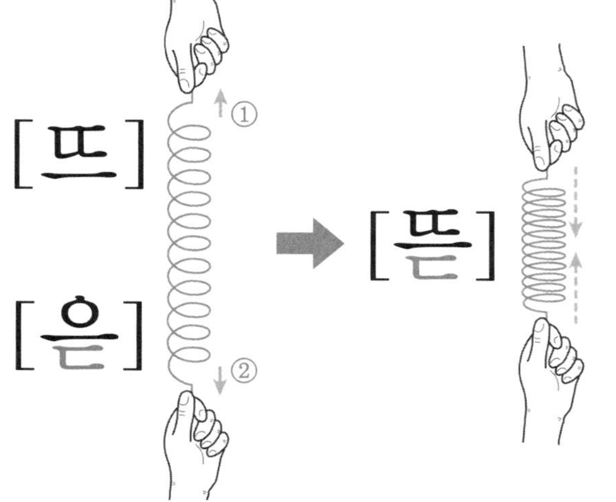

2. 다음 그림처럼 낱자 카드(✂ 〈부록 2쪽〉)를 사용하여 소리를 합쳐 봅시다.

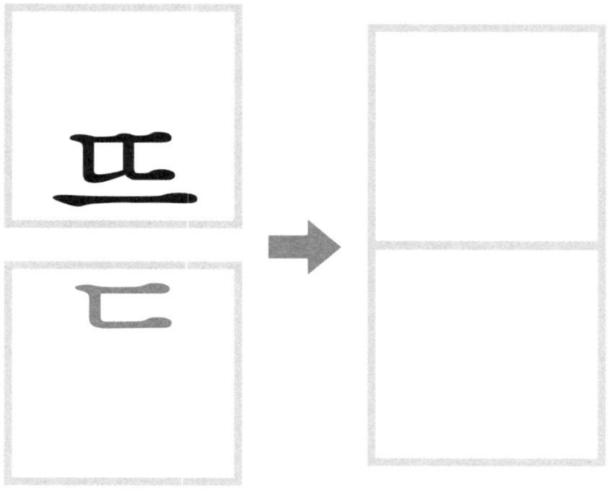

바와 ㄷ을 합치면 무슨 글자가 될까요?

1. 용수철을 사용하여 소리를 합쳐 봅시다.

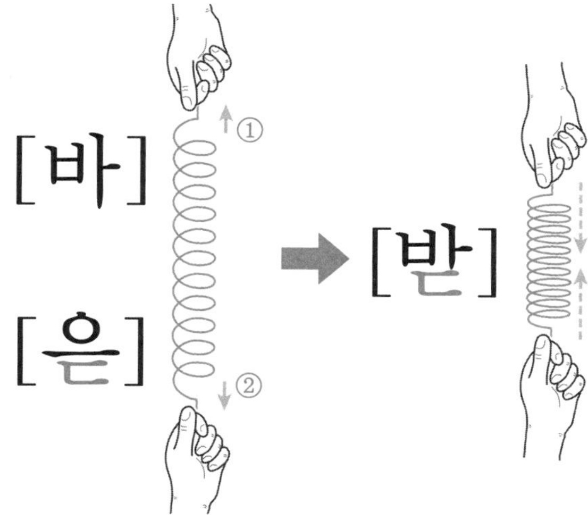

2. 다음 그림처럼 낱자 카드(✂ 〈부록 2쪽〉)를 사용하여 소리를 합쳐 봅시다.

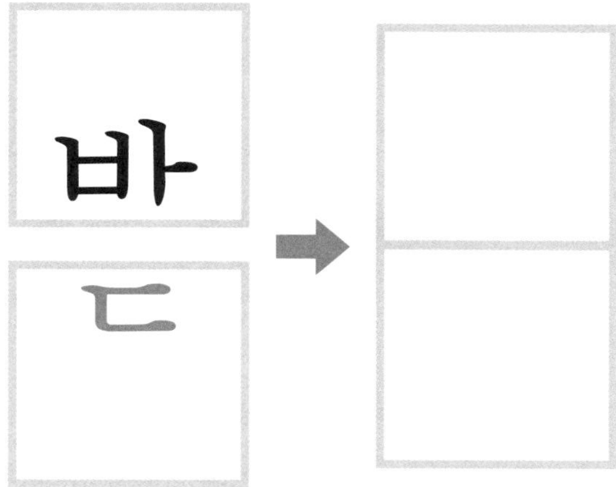

다음 단어들에 알맞은 받침을 써 넣고, 문장을 소리 내어 읽어 본 후, 단어의 뜻을 알아봅시다.

길을 거다	→	발로 나아가다.
새싹이 도다	→	무언가가 생겨 나오다.
동생 말을 미다	→	의심하지 않고 그렇다고 생각하다.
이유를 무다	→	궁금한 것을 알려고 대답을 구하다.
풀을 뜨다	→	풀을 잡아 뽑다.
땅이 구다	→	물렁물렁하던 것이 단단하게 되다.
선물을 바다	→	다른 사람이 주는 것을 가지다.

받침 'ㄷ'이 들어간 단어의 받침에 ○를 치면서 단어를 읽고, 알맞은 뜻을 연결시켜 봅시다.

돋다	발로 나아가다.
믿다	무언가가 생겨 나오다.
묻다	의심하지 않고 그렇다고 생각하다.
굳다	궁금한 것을 알려고 대답을 구하다.
뜯다	풀을 잡아 뽑다.
받다	물렁물렁하던 것이 단단하게 되다.
걷다	다른 사람이 주는 것을 가지다.

〈보기〉에서 빈칸에 알맞은 단어를 골라 적으세요.

01 노를 [   ].

● 보기 ●

① 젓다 ② 젖다 ③ 절다

02 머리를 [   ].

● 보기 ●

① 빗다 ② 빚다 ③ 빛다

03 새싹이 [   ].

● 보기 ●

① 돗다 ② 돋다 ③ 돛다

04 끊어진 다리를 [   ].

● 보기 ●

① 잇다 ② 잊다 ③ 있다

05 병이 [   ].

● 보기 ●

① 낮다 ② 났다 ③ 낫다

06 비 온 뒤에 땅이 [　　　　] .

● 보기 ●

① 굳다 ② 궂다 ③ 굳다

07 불길이 하늘로 [　　　　] .

● 보기 ●

① 솄다 ② 솢다 ③ 솟다

08 공을 던지고 [　　　　] .

● 보기 ●

① 받다 ② 밧다 ③ 밭다

09 줄을 [　　　　] .

● 보기 ●

① 긋다 ② 긎다 ③ 긌다

10 물을 [　　　　] .

● 보기 ●

① 붔다 ② 붖다 ③ 붓다

받침이 들어간 단어의 받침에 ○를 치면서 읽고, 단어를 가림판으로 가리고 기억하여 쓴 후, 맞게 썼는지 확인해 봅시다. 그다음, 단어를 세 번 더 반복해서 써 봅시다.

받침에 ○를 치면서 읽기	기억하여 쓰기	반복 쓰기	반복 쓰기	반복 쓰기
걷다				
낫다				
돋다				
짓다				
묻다				
긋다				
뜯다				
빗다				
받다				
잇다				

다음 문장들의 단어에 받침 ㅅ, ㄷ 중 알맞은 받침을 적어 넣어 봅시다.

1. 불길이 하늘로 소다.
2. 머리를 비다.
3. 길을 거다.
4. 줄을 그다.
5. 동생 말을 미다.
6. 활짝 우다.
7. 병이 나다.
8. 이유를 무다.
9. 물을 부다.
10. 풀을 뜨다.
11. 새싹이 도다.
12. 다리를 이다.
13. 집을 지다.
14. 땅이 구다.
15. 선물을 바다.

이전 활동에서 완성한 단어들을 같은 받침을 가진 단어끼리 단어 카드(✂〈부록 6쪽〉)를 사용하여 붙여 봅시다. 그다음, 받침별로 소리 내어 읽어 봅시다.

받침 ㄷ	받침 ㅅ

"선생님이 불러 주는 단어를 받아 적는 문제입니다. 잘 듣고, 답안지에 단어를 받아 적어 보세요."

(정답지 p. 218에 평가 문항 제시)

번호	단어
1	
2	
3	
4	
5	
6	
7	
8	

일러두기(4차시)

음절 끝소리 법칙

음절 끝소리 자음(종성)은 [ㄱ, ㄴ, ㄷ, ㄹ, ㅁ, ㅂ, ㅇ] 중 하나로 발음된다.
[ㅂ]으로 발음되는 받침 자음: ㅂ(밥), ㅍ(깊다)
예) 받침 ㅂ: 좁다 → [좁따]
업다 → [업따]
예) 받침 ㅍ: 깊다 → [깁따]
갚다 → [갑따]

분석적 파닉스 교수

분석적 파닉스 교수는 단어 내에서 낱자-소리의 대응관계를 파악하도록 가르치는 단어인지 교수법이다. 이를 위해 교수자는 같은 소리를 포함한 단어들(예, 갚다, 높다)을 제시한 후, 학생이 이 단어들은 모두 받침 'ㅍ'이 있고, 받침 'ㅍ'은 [읍] 소리가 난다는 것을 파악하도록 지도해야 한다.

음운처리 중심 철자 교수법

음운처리 중심 교수법은 낱자-소리 대응관계를 가르치고, 소리에 대응하는 낱자를 올바르게 표기함으로써 단어를 철자하도록 가르치는 교수법이다. 음운처리 중심 교수법은 합성 파닉스 교수법에 근거한 철자 교수법이라고 할 수 있다.

표기처리 중심 철자 교수법

표기처리 중심 철자 교수법은 단어의 발음뿐 아니라 단어의 시각적인 형태에도 초점을 맞추어 가르치는 교수법이다. 특히 음절 끝소리 법칙이 적용되어 같은 발음(예, [읍])이 나지만, 다르게 표기하는 받침들(예, ㅂ, ㅍ)의 경우, 받침의 형태에 초점을 맞추도록 강조한다. 이를 위해 받침에 ○를 치도록 하는 활동이나 알맞은 받침을 써 넣도록 하는 활동 등을 할 수 있다.

가리고-기억하여 쓰고-비교하기

가리고, 기억하여 쓰고, 비교하기(cover, copy, compare)는 자기 교정법에 속하는 활동이다. 학생에게 단어를 보여 준 다음, 단어를 가리고(cover), 약간의 시간(예, 약 3초)을 주어 학생이 단어를 기억하여 쓰도록 하고(copy), 그다음 다시 단어를 보여 주어 해당 단어와 자신의 답을 비교하여 답을 확인하게 한다(compare).

단어 분류하기

단어 분류하기는 단어를 구체적인 기준에 따라 구분하는 활동을 의미한다. 예를 들어, 같은 받침이 있는 단어들끼리 구분하도록 하는 활동이 이에 해당한다.

4차시 홑받침 ㅂ, ㅍ: 좁다, 깊다

학습목표

받침 ㅂ과 ㅍ이 들어간 글자와 단어를 정확하게 읽고 쓸 수 있다.

사전평가

"선생님이 불러 주는 단어를 받아 적는 문제입니다. 잘 듣고, 답안지에 단어를 받아 적어 보세요."

(정답지 p. 219에 평가 문항 제시)

번호	단어
1	
2	
3	
4	
5	
6	
7	
8	

수업

제목을 살펴봅시다. 제목에서 받침에 ○를 쳐 봅시다.

좁다, 깊다

다음 단어들에 공통적으로 들어가는 받침을 찾아서 ○를 치세요.

좁다, 업다, 집다, 깁다, 접다, 씹다, 뽑다, 쉽다, 줍다

받침 낱자 'ㅂ'의 소리를 알아봅시다.

받침 ㅂ의 소리를 알아봅시다.

1. ㅂ 이 낱자의 이름은 '비읍'입니다. 글자 아래 받침 'ㅂ'은 무슨 소리가 나나요? '읍' 소리가 납니다.

2. 그림을 보면서 받침 ㅂ 소리를 연습해 봅시다.

[좁다] ➡ [조읍따][좁따]

3. 낱자의 소리를 말하면서 표시된 순서에 따라 써 봅시다.

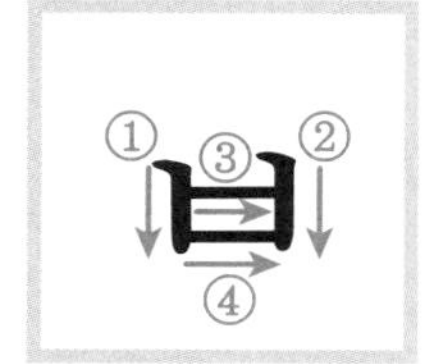

글자를 만들어 봅시다.

조와 ㅂ을 합치면 무슨 글자가 될까요?

1. 용수철을 사용하여 소리를 합쳐 봅시다.

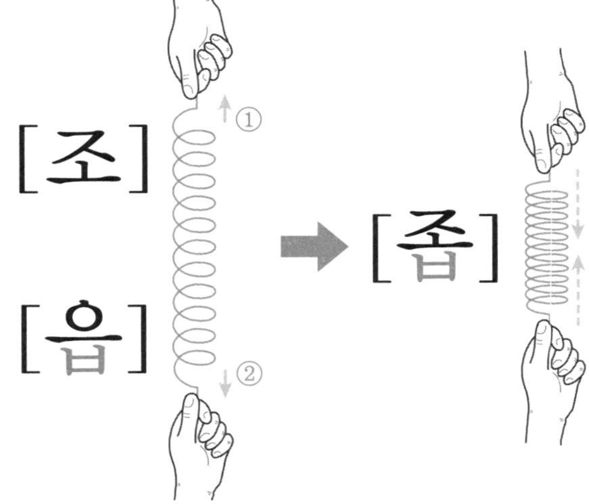

2. 다음 그림처럼 낱자 카드(✂ 〈부록 3쪽〉)를 사용하여 소리를 합쳐 봅시다.

 어와 ㅂ을 합치면 무슨 글자가 될까요?

1. 용수철을 사용하여 소리를 합쳐 봅시다.

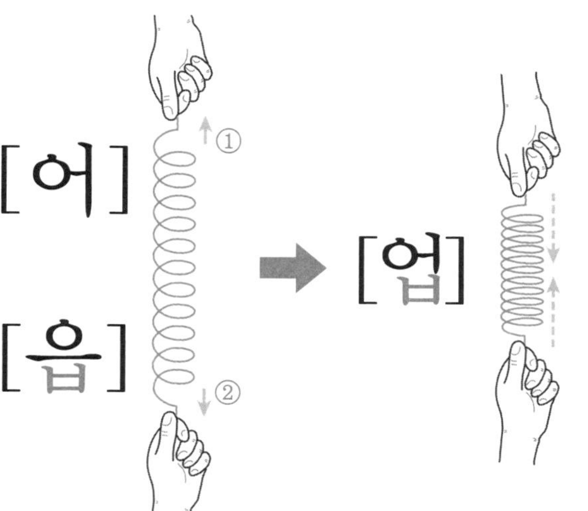

2. 다음 그림처럼 낱자 카드(✂ 〈부록 3쪽〉)를 사용하여 소리를 합쳐 봅시다.

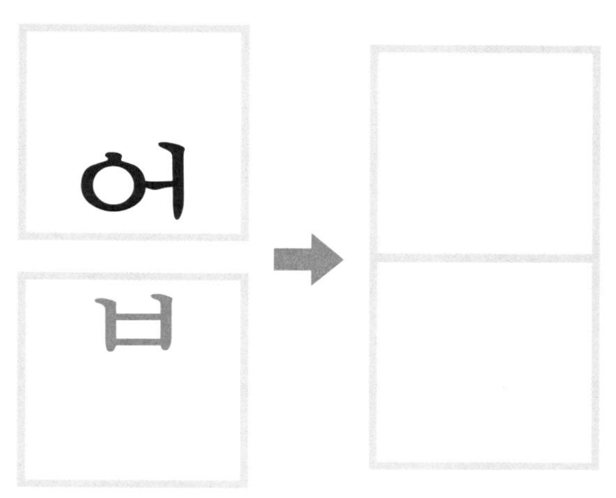

 씨와 ㅂ을 합치면 무슨 글자가 될까요?

1. 용수철을 사용하여 소리를 합쳐 봅시다.

[씨]
[읍]
①
②
[씝]

2. 다음 그림처럼 낱자 카드(✂ 〈부록 3쪽〉)를 사용하여 소리를 합쳐 봅시다.

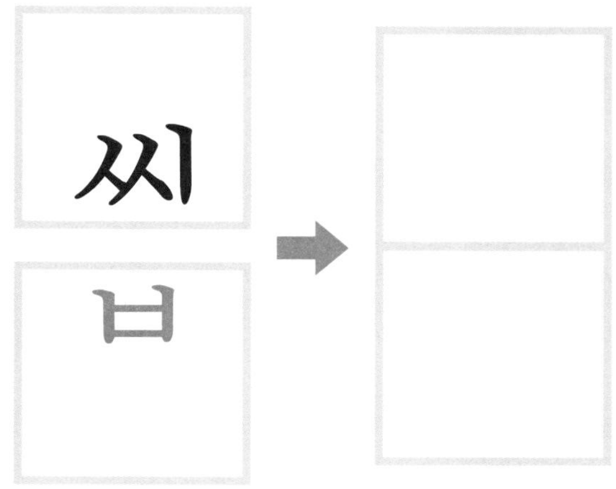

뽀와 ㅂ을 합치면 무슨 글자가 될까요?

1. 용수철을 사용하여 소리를 합쳐 봅시다.

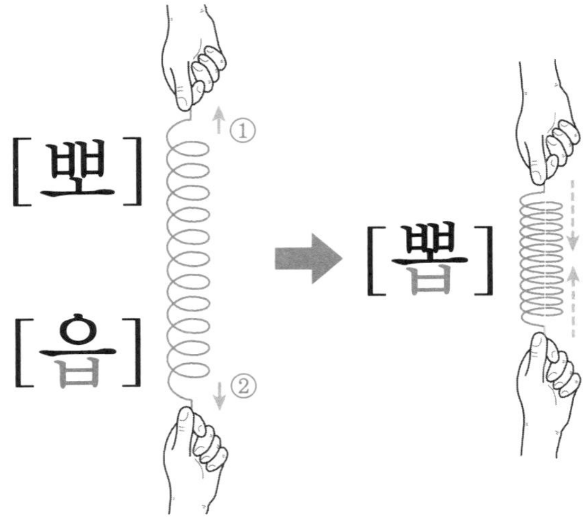

2. 다음 그림처럼 낱자 카드(✂ 〈부록 3쪽〉)를 사용하여 소리를 합쳐 봅시다.

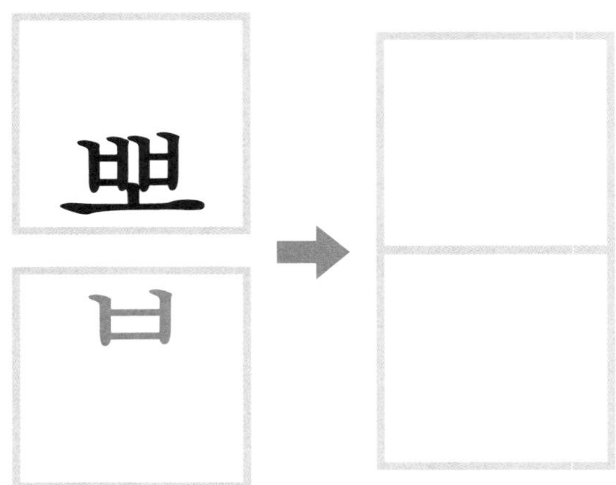

다음 단어들에 알맞은 받침을 써 넣고, 문장을 소리 내어 읽어 본 후, 단어의 뜻을 알아봅시다.

길이 조다		공간이 넓지 않다.
내용이 쉬다		힘들지 않다.
옷을 기다		구멍이 난 곳을 꿰매다.
풍선 껌을 씨다		무엇을 입에 넣고 자꾸 깨물다.
연필을 지다		손가락으로 물건을 잡아서 들다.
흰머리를 뽀다		어디에 박혀 있는 것을 잡아당기다.
쓰레기를 주다		바닥에 떨어진 것을 집어 들다.
아기를 어다		사람을 자기의 등 위에 올리다.

받침 'ㅂ'이 들어간 단어의 받침에 ○를 치면서 단어를 읽고, 알맞은 뜻을 연결시켜 봅시다.

단어			뜻
업다	●	●	공간이 넓지 않다.
집다	●	●	힘들지 않다.
깁다	●	●	구멍이 난 곳을 꿰매다.
씹다	●	●	무엇을 입에 넣고 자꾸 깨물다.
뽑다	●	●	손가락으로 물건을 잡아서 들다.
쉽다	●	●	어디에 박혀 있는 것을 잡아당기다.
줍다	●	●	바닥에 떨어진 것을 집어 들다.
좁다	●	●	사람을 자기의 등 위에 올리다.

다음 단어들에 공통적으로 들어가는 받침을 찾아서 ○를 치세요.

깊다, 갚다, 덮다, 싶다, 짚다, 엎다

받침 낱자 'ㅍ'의 소리를 알아봅시다.

 받침 ㅍ의 소리를 알아봅시다.

1. ㅍ 이 낱자의 이름은 '피읖'입니다. 글자 아래 받침 'ㅍ'은 무슨 소리가 나나요? '읍' 소리가 납니다.

2. 그림을 보면서 받침 ㅍ 소리를 연습해 봅시다.

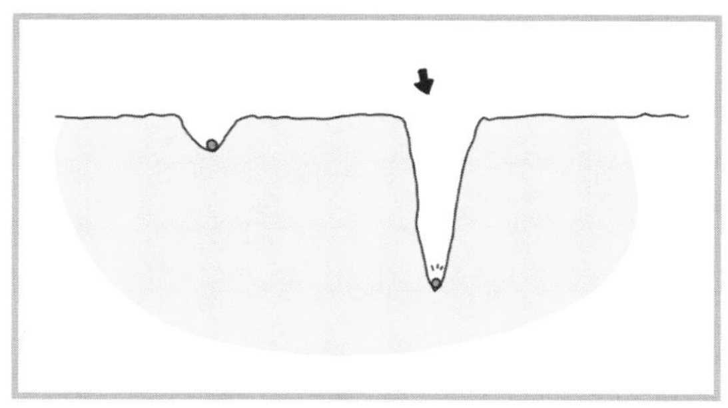

[깊다] ➡ [기읍따][깁따]

3. 낱자의 소리를 말하면서 표시된 순서에 따라 써 봅시다.

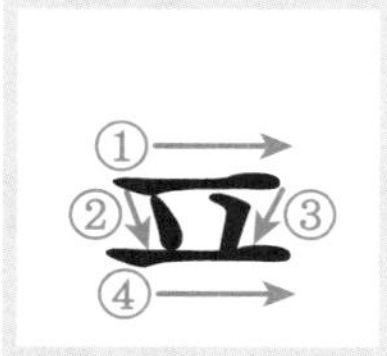

글자를 만들어 봅시다.

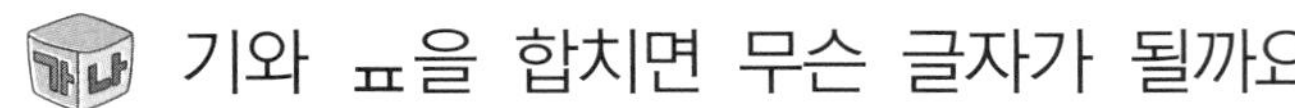

기와 ㅍ을 합치면 무슨 글자가 될까요?

1. 용수철을 사용하여 소리를 합쳐 봅시다.

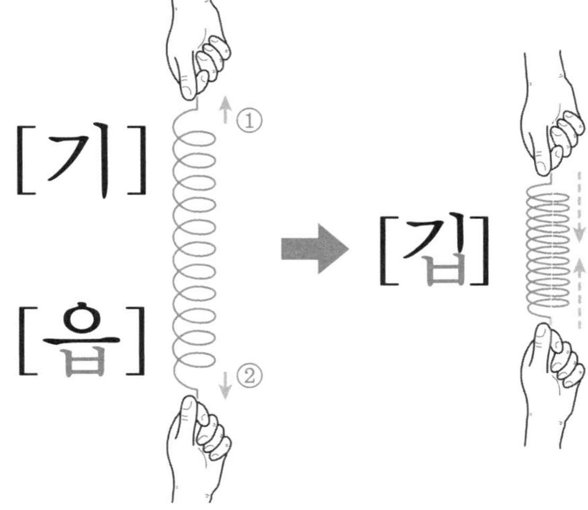

2. 다음 그림처럼 낱자 카드(✂ 〈부록 3쪽〉)를 사용하여 소리를 합쳐 봅시다.

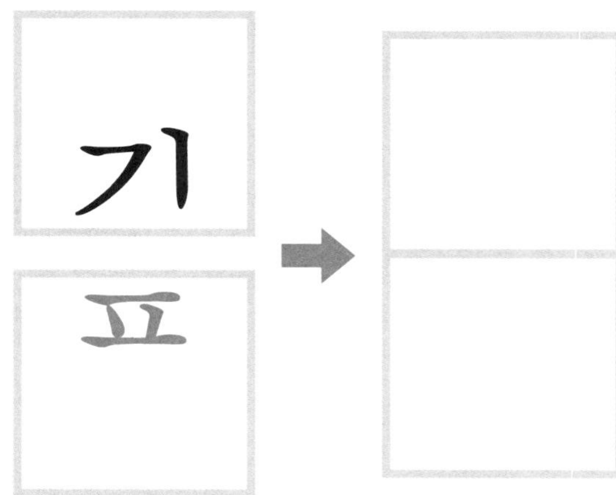

더와 ㅍ을 합치면 무슨 글자가 될까요?

1. 용수철을 사용하여 소리를 합쳐 봅시다.

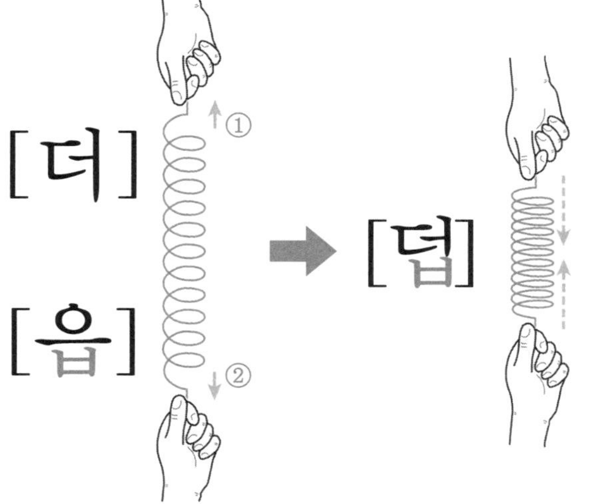

2. 다음 그림처럼 낱자 카드(✂ 〈부록 3쪽〉)를 사용하여 소리를 합쳐 봅시다.

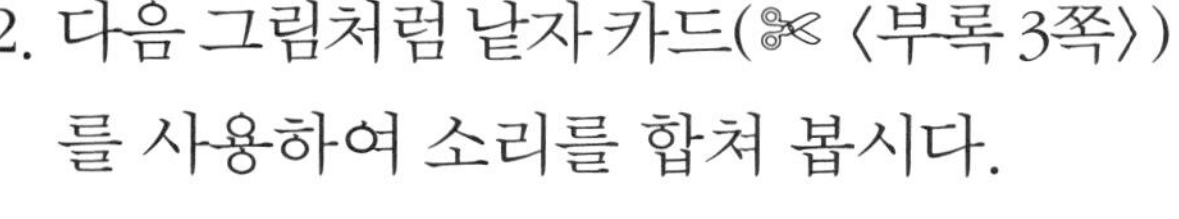

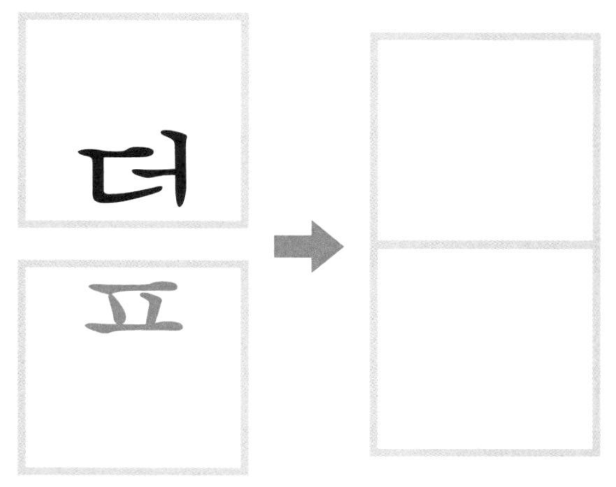

시와 ㅍ을 합치면 무슨 글자가 될까요?

1. 용수철을 사용하여 소리를 합쳐 봅시다.

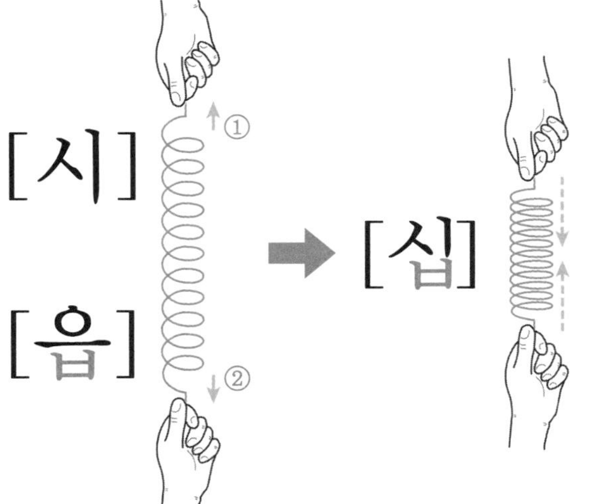

2. 다음 그림처럼 낱자 카드(✂ 〈부록 3쪽〉)를 사용하여 소리를 합쳐 봅시다.

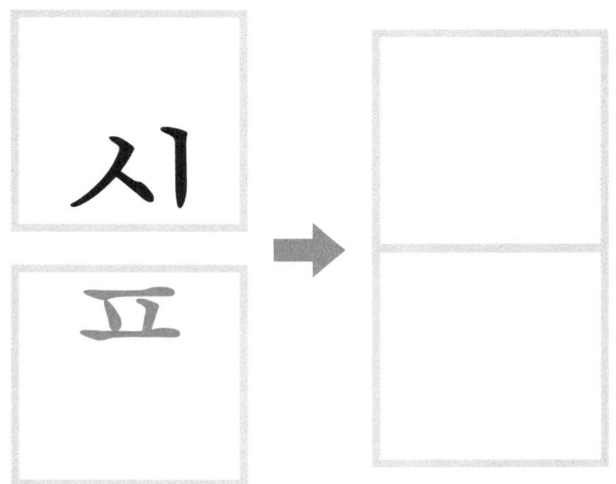

 지와 ㅍ을 합치면 무슨 글자가 될까요?

1. 용수철을 사용하여 소리를 합쳐 봅시다.

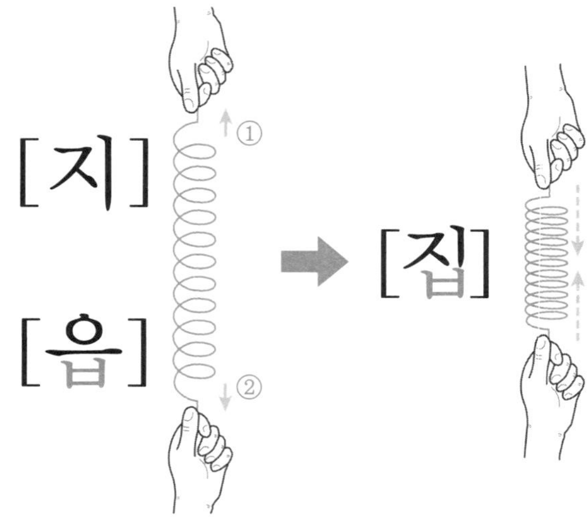

2. 다음 그림처럼 낱자 카드(✂ 〈부록 3쪽〉)를 사용하여 소리를 합쳐 봅시다.

다음 단어들에 알맞은 받침을 써 넣고, 문장을 소리 내어 읽어 본 후, 단어의 뜻을 알아봅시다.

이불을 더다		가려 안 보이게 하다.
돈을 가다		남에게 빌린 것을 도로 돌려주다.
먹고 시다		무언가를 원하다.
바가지를 어다		아래위가 거꾸로 되도록 뒤집다.
물이 기다		위에서 아래까지의 사이가 멀다.
지팡이를 지다		지팡이나 손을 바닥에 대고 몸을 기대다.

받침 'ㅍ'이 들어간 단어의 받침에 ○를 치면서 단어를 읽고, 알맞은 뜻을 연결시켜 봅시다.

깊다	● ●	가려 안 보이게 하다.
갚다	● ●	남에게 빌린 것을 도로 돌려주다.
덮다	● ●	무언가를 원하다.
싶다	● ●	아래위가 거꾸로 되도록 뒤집다.
짚다	● ●	위에서 아래까지의 사이가 멀다.
갈아엎다	● ●	지팡이나 손을 바닥에 대고 몸을 기대다.

〈보기〉에서 빈칸에 알맞은 단어를 골라 적으세요.

01 떨어진 물건을 [   ].

● 보기 ●

① 짚다 ② 집다 ③ 짐다

02 날씨가 [   ].

● 보기 ●

① 덥다 ② 덤다 ③ 덮다

03 뚜껑을 [   ].

● 보기 ●

① 덤다 ② 덮다 ③ 덥다

04 땅을 [   ].

● 보기 ●

① 갈아업다 ② 갈아엎다 ③ 갈아엄다

05 지팡이를 [   ].

● 보기 ●

① 집다 ② 짚다 ③ 짐다

06 아기를 [ ] .

● 보기 ●

① 엄다 ② 업다 ③ 엎다

07 잡초를 [ ] .

● 보기 ●

① 뿝다 ② 뽑다 ③ 뽐다

받침이 들어간 단어의 받침에 ○를 치면서 읽고, 단어를 가림판으로 가리고 기억하여 쓴 후, 맞게 썼는지 확인해 봅시다. 그다음, 단어를 세 번 더 반복해서 써 봅시다.

받침에 ○를 치면서 읽기	기억하여 쓰기	반복 쓰기	반복 쓰기	반복 쓰기
깊다				
좁다				
갚다				
덮다				
뽑다				
싶다				
줍다				
짚다				
쉽다				

다음 문장들의 단어에 받침 ㅂ, ㅍ 중 알맞은 받침을 적어 넣어 봅시다.

1. 내용이 쉬다.
2. 연필을 지다.
3. 이불을 더다.
4. 흰머리를 뽀다.
5. 지팡이를 지다.
6. 길이 조다.
7. 먹고 시다.
8. 물이 기다.
9. 돈을 가다.
10. 옷을 기다.
11. 땅을 갈아어다.
12. 풍선껌을 씨다.
13. 아기를 어다.
14. 쓰레기를 주다.

이전 활동에서 완성한 단어들을 같은 받침을 가진 단어끼리 단어 카드(✂ 〈부록 7쪽〉)를 사용하여 붙여 봅시다. 그다음, 받침별로 소리 내어 읽어 봅시다.

받침 ㅂ	받침 ㅍ

"선생님이 불러 주는 단어를 받아 적는 문제입니다. 잘 듣고, 답안지에 단어를 받아 적어 보세요."

(정답지 p. 219에 평가 문항 제시)

번호	단어
1	
2	
3	
4	
5	
6	
7	
8	

일러두기(5차시)

음절 끝소리 법칙

음절 끝소리 자음(종성)은 [ㄱ, ㄴ, ㄷ, ㄹ, ㅁ, ㅂ, ㅇ] 중 하나로 발음된다.
[ㄱ]으로 발음되는 받침 자음: ㄱ(책), ㄲ(밖), ㅋ(부엌)

예) 받침 ㄱ: 책 → [책]
먹다 → [먹따]

예) 받침 ㄲ: 밖 → [박]
볶다 → [복따]

분석적 파닉스 교수

분석적 파닉스 교수는 단어 내에서 낱자-소리의 대응관계를 파악하도록 가르치는 단어인지 교수법이다. 이를 위해 교수자는 같은 소리를 포함한 단어들(예, 밖, 볶다)을 제시한 후, 학생이 이 단어들은 모두 받침 'ㄲ'이 있고, 받침 'ㄲ'은 [윽] 소리가 난다는 것을 파악하도록 지도해야 한다.

음운처리 중심 철자 교수법

음운처리 중심 교수법은 낱자-소리 대응관계를 가르치고, 소리에 대응하는 낱자를 올바르게 표기함으로써 단어를 철자하도록 가르치는 교수법이다. 음운처리 중심 교수법은 합성 파닉스 교수법에 근거한 철자 교수법이라고 할 수 있다.

표기처리 중심 철자 교수법

표기처리 중심 철자 교수법은 단어의 발음뿐 아니라 단어의 시각적인 형태에도 초점을 맞추어 가르치는 교수법이다. 특히 음절 끝소리 법칙이 적용되어 같은 발음(예, [윽])이 나지만, 다르게 표기하는 받침들(예, ㄱ, ㄲ, ㅋ)의 경우, 받침의 형태에 초점을 맞추도록 강조한다. 이를 위해 받침에 ○를 치도록 하는 활동이나 알맞은 받침을 써 넣도록 하는 활동 등을 할 수 있다.

가리고-기억하여 쓰고-비교하기

가리고, 기억하여 쓰고, 비교하기(cover, copy, compare)는 자기 교정법에 속하는 활동이다. 학생에게 단어를 보여 준 다음, 단어를 가리고(cover), 약간의 시간(예, 약 3초)을 주어 학생이 단어를 기억하여 쓰도록 하고(copy), 그다음 다시 단어를 보여 주어 해당 단어와 자신의 답을 비교하여 답을 확인하게 한다(compare).

단어 분류하기

단어 분류하기는 단어를 구체적인 기준에 따라 구분하는 활동을 의미한다. 예를 들어, 같은 받침이 있는 단어들끼리 구분하도록 하는 활동이 이에 해당한다.

5차시 홑받침 ㄱ, ㄲ: 먹다, 묶다

학습목표

받침 ㄱ과 ㄲ이 들어간 글자와 단어를 정확하게 읽고 쓸 수 있다.

사전평가

"선생님이 불러 주는 단어를 받아 적는 문제입니다. 잘 듣고, 답안지에 단어를 받아 적어 보세요."

(정답지 p. 220에 평가 문항 제시)

번호	단어
1	
2	
3	
4	
5	
6	
7	
8	

수업

제목을 살펴봅시다. 제목에서 받침에 ○를 쳐 봅시다.

먹다, 묶다

다음 단어들에 공통적으로 들어가는 받침을 찾아서 ○를 치세요.

먹다, 막다, 녹다, 찍다, 묵다, 식다, 익다

받침 낱자 'ㄱ'의 소리를 알아봅시다.

받침 ㄱ의 소리를 알아봅시다.

1. ㄱ 이 낱자의 이름은 '기역'입니다. 글자 아래 받침 'ㄱ'은 무슨 소리가 나나요? '윽' 소리가 납니다.

2. 그림을 보면서 받침 ㄱ 소리를 연습해 봅시다.

[먹다] → [머윽따][먹따]

3. 낱자의 소리를 말하면서 표시된 순서에 따라 써 봅시다.

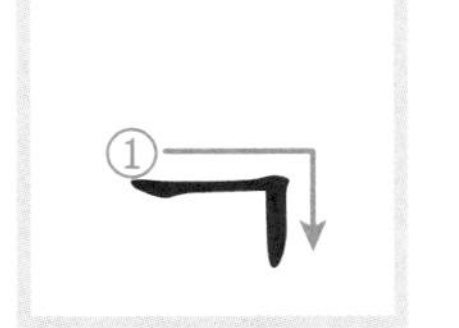

글자를 만들어 봅시다.

 머와 ㄱ을 합치면 무슨 글자가 될까요?

1. 용수철을 사용하여 소리를 합쳐 봅시다.

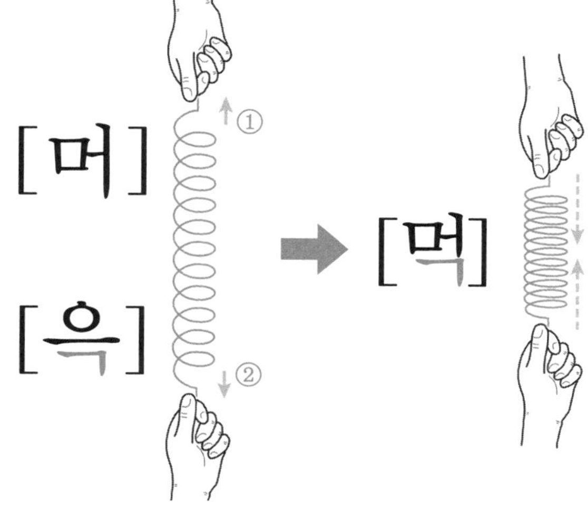

2. 다음 그림처럼 낱자 카드(✂ 〈부록 4쪽〉)를 사용하여 소리를 합쳐 봅시다.

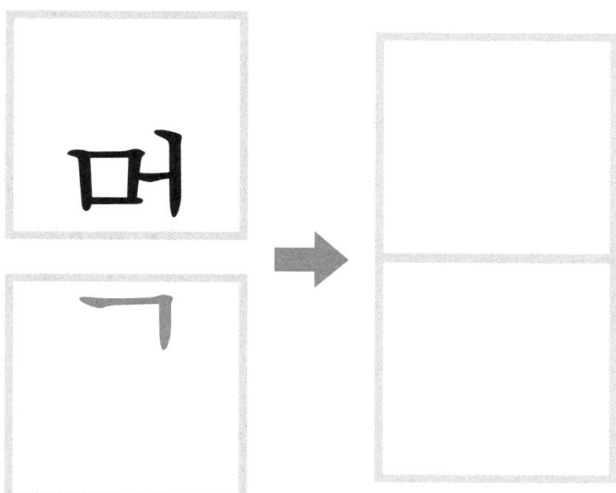

 노와 ㄱ을 합치면 무슨 글자가 될까요?

1. 용수철을 사용하여 소리를 합쳐 봅시다.

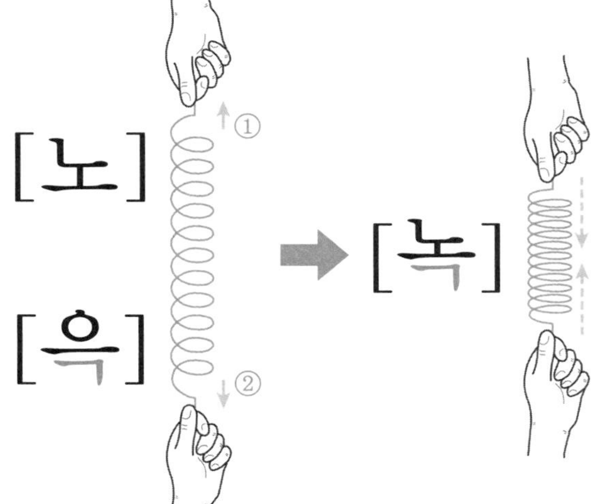

2. 다음 그림처럼 낱자 카드(✄ 〈부록 4쪽〉)를 사용하여 소리를 합쳐 봅시다.

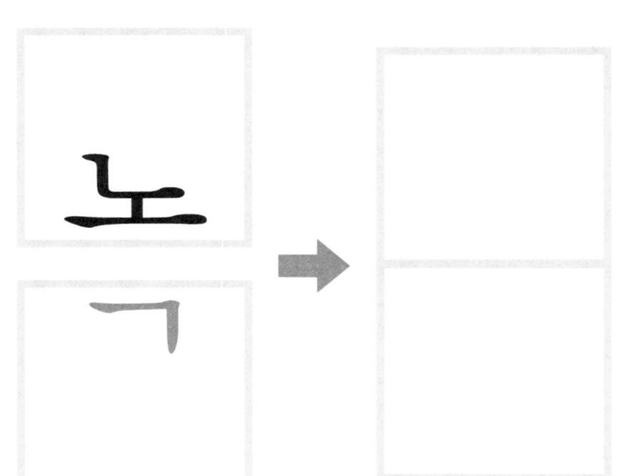

 찌와 ㄱ을 합치면 무슨 글자가 될까요?

1. 용수철을 사용하여 소리를 합쳐 봅시다.

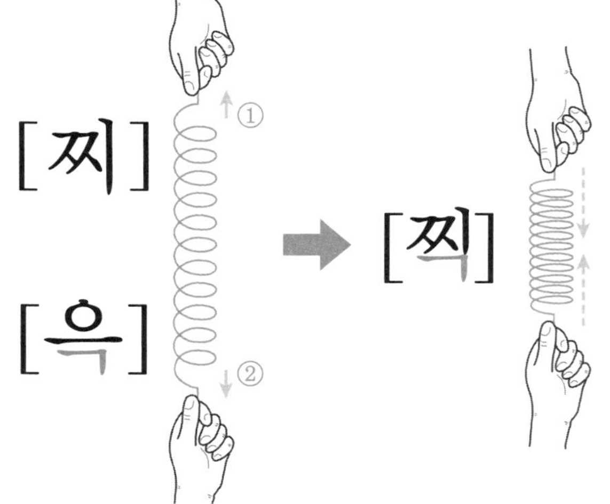

2. 다음 그림처럼 낱자 카드(✄ 〈부록 4쪽〉)를 사용하여 소리를 합쳐 봅시다.

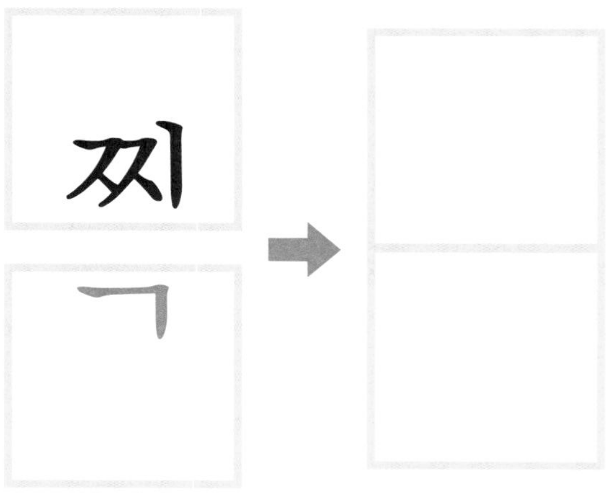

 시와 ㄱ을 합치면 무슨 글자가 될까요?

1. 용수철을 사용하여 소리를 합쳐 봅시다.

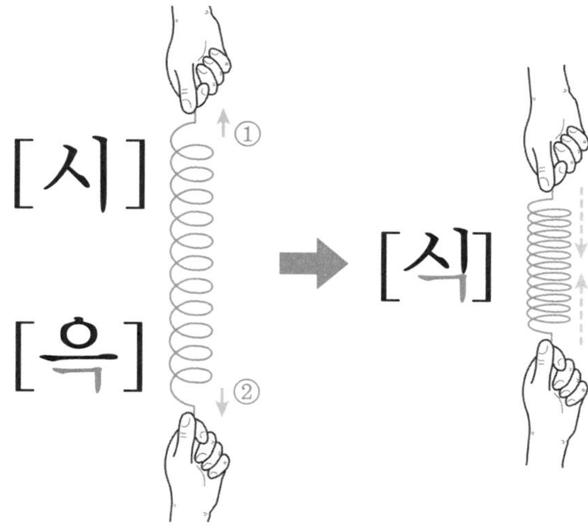

2. 다음 그림처럼 낱자 카드(✂ 〈부록 4쪽〉)를 사용하여 소리를 합쳐 봅시다.

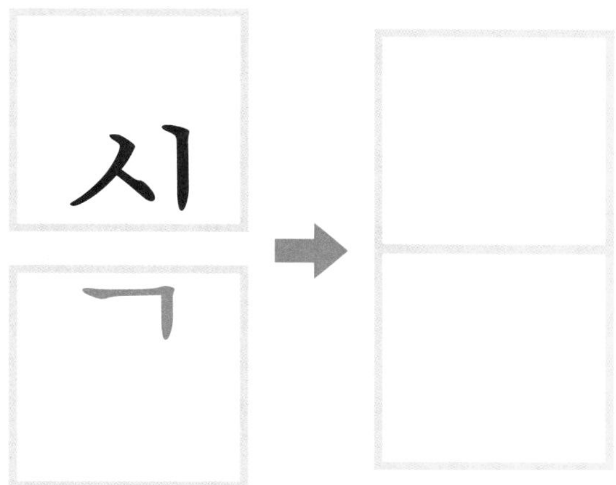

다음 단어들에 알맞은 받침을 써 넣고, 문장을 소리 내어 읽어 본 후, 단어의 뜻을 알아봅시다.

밥을 머다 → 음식을 입을 통해 배 속에 넣다.

적을 마다 → 무언가를 못하게 하다.

얼음이 노다 → 얼음이 열을 받아 물이 되다.

사진을 찌다  사진 등을 박다.

하루를 무다  어떤 곳에 잠시 머무르다.

감이 잘 이다  열매가 자라서 여물다.

커피가 시다  더운 기운이 없어지다.

받침 'ㄱ'이 들어간 단어의 받침에 ○를 치면서 단어를 읽고, 알맞은 뜻을 연결시켜 봅시다.

막다	●	●	음식을 입을 통해 배 속에 넣다.
익다	●	●	무언가를 못하게 하다.
묵다	●	●	얼음이 열을 받아 물이 되다.
먹다	●	●	사진기로 그대로 옮기다.
찍다	●	●	어떤 곳에 잠시 머무르다.
식다	●	●	열매가 자라서 여물다.
녹다	●	●	더운 기운이 없어지다.

다음 단어들에 공통적으로 들어가는 받침을 찾아서 ○를 치세요.

묶다, 엮다, 낚다, 닦다, 볶다, 겪다

받침 낱자 'ㄲ'의 소리를 알아봅시다.

받침 ㄲ의 소리를 알아봅시다.

1. ㄲ 이 낱자의 이름은 '쌍기역'입니다. 글자 아래 받침 'ㄲ'은 무슨 소리가 나나요? '윽' 소리가 납니다.

2. 그림을 보면서 받침 ㄲ 소리를 연습해 봅시다.

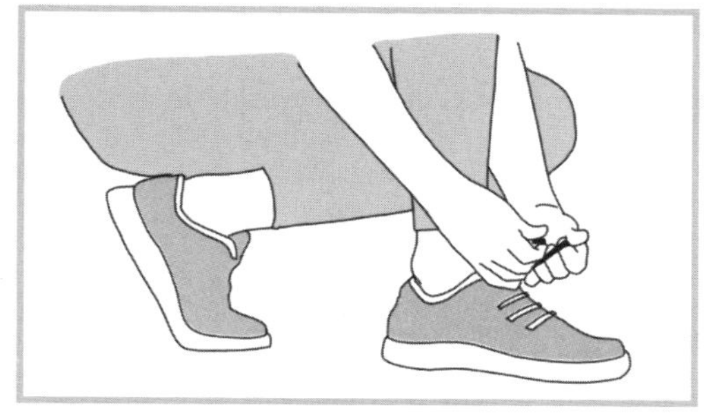

[묶다] → [무윽따][묵따]

3. 낱자의 소리를 말하면서 표시된 순서에 따라 써 봅시다.

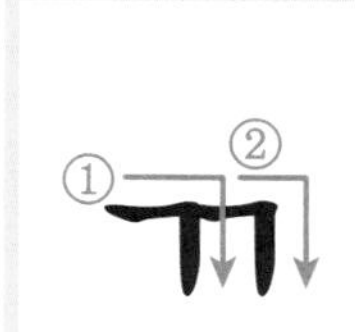

글자를 만들어 봅시다.

무와 ㄲ을 합치면 무슨 글자가 될까요?

1. 용수철을 사용하여 소리를 합쳐 봅시다.

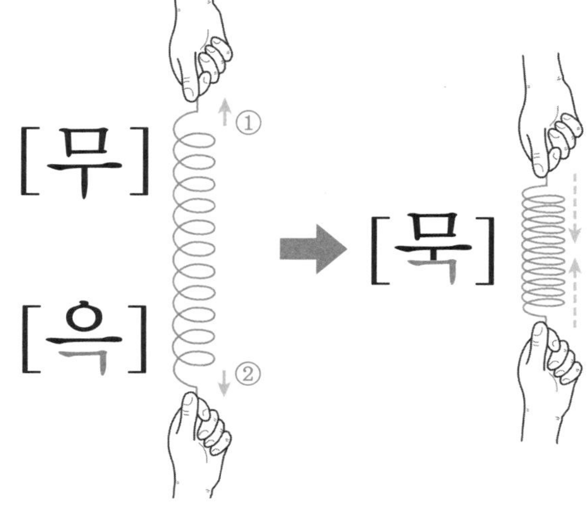

2. 다음 그림처럼 낱자 카드(✄ 〈부록 4쪽〉)를 사용하여 소리를 합쳐 봅시다.

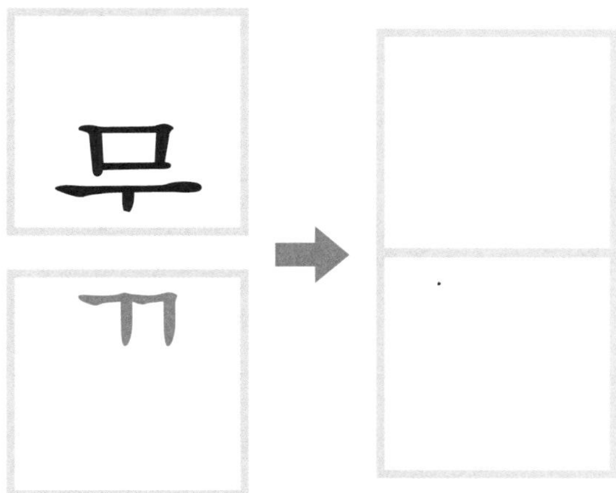

나와 ㄱ을 합치면 무슨 글자가 될까요?

1. 용수철을 사용하여 소리를 합쳐 봅시다.

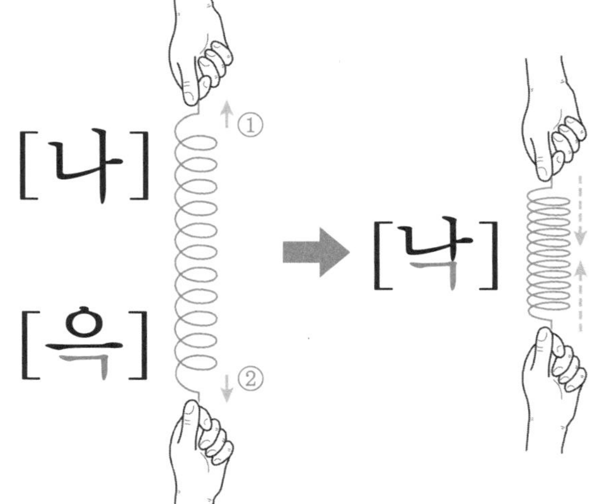

2. 다음 그림처럼 낱자 카드(✂ 〈부록 4쪽〉)를 사용하여 소리를 합쳐 봅시다.

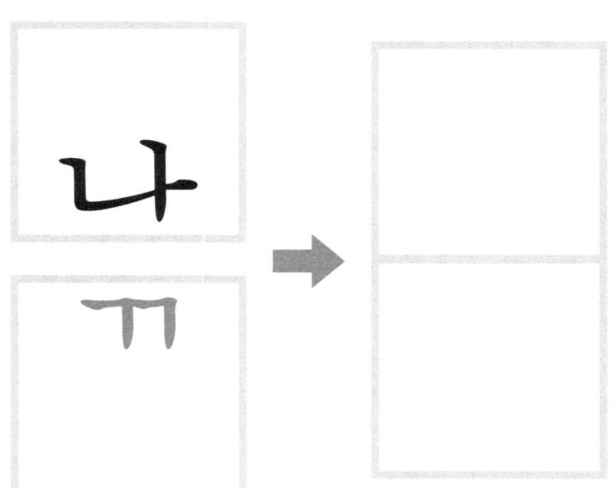

보와 ㄱ을 합치면 무슨 글자가 될까요?

1. 용수철을 사용하여 소리를 합쳐 봅시다.

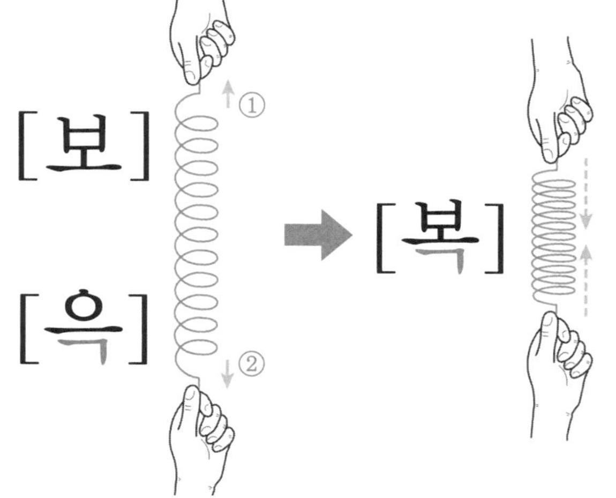

2. 다음 그림처럼 낱자 카드(✂ 〈부록 4쪽〉)를 사용하여 소리를 합쳐 봅시다.

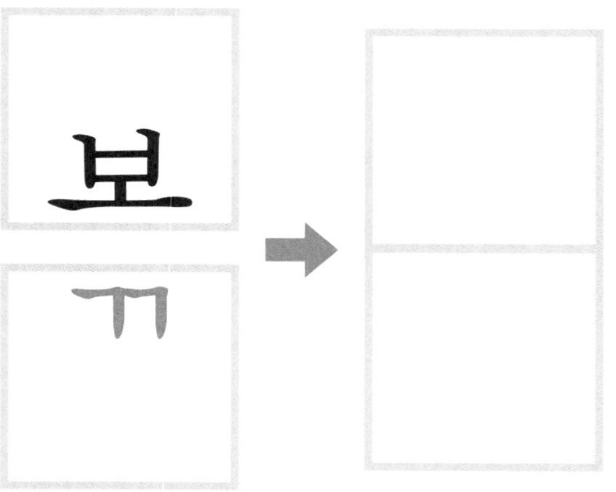

 겨와 ㄲ을 합치면 무슨 글자가 될까요?

1. 용수철을 사용하여 소리를 합쳐 봅시다.

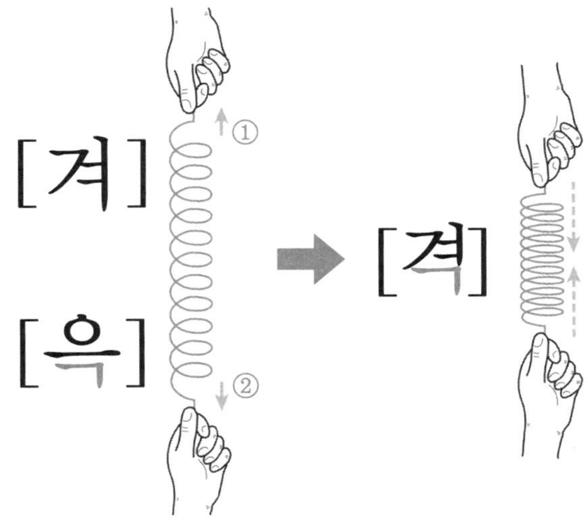

2. 다음 그림처럼 낱자 카드(✂ 〈부록 4쪽〉)를 사용하여 소리를 합쳐 봅시다.

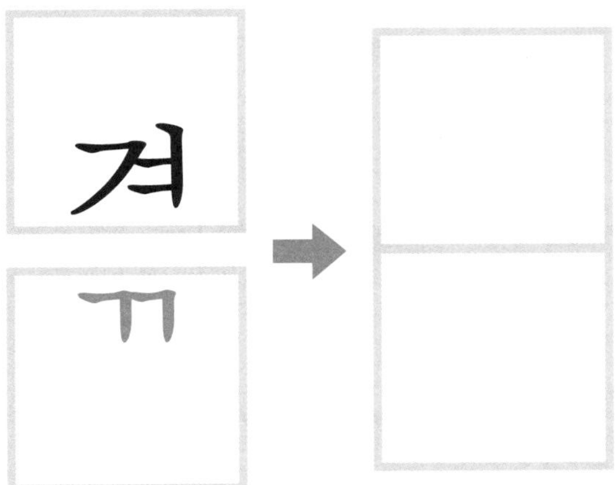

다음 단어들에 알맞은 받침을 써 넣고, 문장을 소리 내어 읽어 본 후, 단어의 뜻을 알아봅시다.

고통을 겨다	→	어려운 일을 당하다.
깨를 보다	→	음식을 냄비에 담아 익히다.
책상을 다다	→	문질러서 깨끗이 하다.
구슬을 여다	→	끈으로 묶어서 무언가를 만들다.
물고기를 나다	→	낚시로 물고기를 잡다.
신발끈을 무다	→	끈으로 잡아매다.

받침 'ㄲ'이 들어간 단어의 받침에 ○를 치면서 단어를 읽고, 알맞은 뜻을 연결시켜 봅시다.

묶다	●	●	어려운 일을 당하다.
겪다	●	●	음식을 냄비에 담아 익히다.
볶다	●	●	문질러서 깨끗이 하다.
엮다	●	●	끈으로 묶어서 무언가를 만들다.
닦다	●	●	낚시로 물고기를 잡다.
낚다	●	●	끈으로 잡아매다.

〈보기〉에서 빈칸에 알맞은 단어를 골라 적으세요.

01 머리를 [ ].

● 보기 ●
① 묶다 ② 묵다 ③ 묻다

02 하루를 [ ].

● 보기 ●
① 묶다 ② 묵다 ③ 묻다

03 적을 [ ].

● 보기 ●
① 맊다 ② 막다 ③ 맏다

04 사진을 [ ].

● 보기 ●
① 찍다 ② 칙다 ③ 찠다

05 어려운 일을 [ ].

● 보기 ●
① 겪다 ② 격다 ③ 겼다

06 얼룩을 [ ].

● 보기 ●

① 닦다 ② 닥다 ③ 닸다

07 감이 잘 [ ].

● 보기 ●

① 읶다 ② 읽다 ③ 익다

받침이 들어간 단어의 받침에 ○를 치면서 읽고, 단어를 가림판으로 가리고 기억하여 쓴 후, 맞게 썼는지 확인해 봅시다. 그다음, 단어를 세 번 더 반복해서 써 봅시다.

받침에 ○를 치면서 읽기	기억하여 쓰기	반복 쓰기	반복 쓰기	반복 쓰기
묶다				
먹다				
엮다				
녹다				
겪다				
묵다				
닦다				
익다				
낚다				
식다				

다음 문장들의 단어에 받침 ㄱ, ㄲ 중 알맞은 받침을 적어 넣어 봅시다.

1. 고통을 겨다.
2. 밥을 머다.
3. 얼음이 노다.
4. 적을 마다.
5. 사진을 찌다.
6. 책상을 다다.
7. 깨를 보다.
8. 하루를 무다.
9. 감이 잘 이다.
10. 신발끈을 무다.
11. 커피가 시다.
12. 구슬을 여다.
13. 물고기를 나다.

이전 활동에서 완성한 단어들을 같은 받침을 가진 단어끼리 단어 카드(✂ 〈부록 7쪽〉)를 사용하여 붙여 봅시다. 그다음, 받침별로 소리 내어 읽어 봅시다.

받침 ㄱ	받침 ㄲ

"선생님이 불러 주는 단어를 받아 적는 문제입니다. 잘 듣고, 답안지에 단어를 받아 적어 보세요."

(정답지 p. 221에 평가 문항 제시)

번호	단어
1	
2	
3	
4	
5	
6	
7	
8	

일러두기(6차시)

음절 끝소리 법칙

음절 끝소리 자음(종성)은 [ㄱ, ㄴ, ㄷ, ㄹ, ㅁ, ㅂ, ㅇ] 중 하나로 발음된다. [ㄷ]으로 발음되는 받침 자음: ㄷ(걷다), ㅅ(웃다), ㅈ(젖다), ㅌ(같다), ㅊ(꽃), ㅎ(좋다), ㅆ(화났다)

예) 받침 ㅈ: 젖다 → [전따]
늦다 → [늗따]
예) 받침 ㅌ: 같다 → [갇따]
맡다 → [맏따]
예) 받침 ㅊ: 꽃 → [꼳]
쫓다 → [쫀따]

분석적 파닉스 교수

분석적 파닉스 교수는 단어 내에서 낱자-소리의 대응관계를 파악하도록 가르치는 단어인지 교수법이다. 이를 위해 교수자는 같은 소리를 포함한 단어들(예, 같다, 맡다)을 제시한 후, 학생이 이 단어들은 모두 받침 'ㅌ'이 있고, 받침 'ㅌ'은 [읃] 소리가 난다는 것을 파악하도록 지도해야 한다.

음운처리 중심 철자 교수법

음운처리 중심 교수법은 낱자-소리 대응관계를 가르치고, 소리에 대응하는 낱자를 올바르게 표기함으로써 단어를 철자하도록 가르치는 교수법이다. 음운처리 중심 교수법은 합성 파닉스 교수법에 근거한 철자 교수법이라고 할 수 있다.

표기처리 중심 철자 교수법

표기처리 중심 철자 교수법은 단어의 발음뿐 아니라 단어의 시각적인 형태에도 초점을 맞추어 가르치는 교수법이다. 특히 음절 끝소리 법칙이 적용되어 같은 발음(예, [읃])이 나지만, 다르게 표기하는 받침들(예, ㄷ, ㅅ, ㅈ, ㅌ, ㅊ, ㅎ, ㅆ)의 경우, 받침의 형태에 초점을 맞추도록 강조한다. 이를 위해 받침에 ○를 치도록 하는 활동이나 알맞은 받침을 써 넣도록 하는 활동 등을 할 수 있다.

가리고-기억하여 쓰고-비교하기

가리고, 기억하여 쓰고, 비교하기(cover, copy, compare)는 자기 교정법에 속하는 활동이다. 학생에게 단어를 보여 준 다음, 단어를 가리고(cover), 약간의 시간(예, 약 3초)을 주어 학생이 단어를 기억하여 쓰도록 하고(copy), 그다음 다시 단어를 보여 주어 해당 단어와 자신의 답을 비교하여 답을 확인하게 한다(compare).

단어 분류하기

단어 분류하기는 단어를 구체적인 기준에 따라 구분하는 활동을 의미한다. 예를 들어, 같은 받침이 있는 단어들끼리 구분하도록 하는 활동이 이에 해당한다.

6차시 홑받침 ㅈ, ㅌ, ㅊ: 젖다, 같다, 쫓다

받침 ㅈ, ㅌ, ㅊ이 들어간 글자와 단어를 정확하게 읽고 쓸 수 있다.

"선생님이 불러 주는 단어를 받아 적는 문제입니다. 잘 듣고, 답안지에 단어를 받아 적어 보세요."

(정답지 p. 222에 평가 문항 제시)

번호	단어
1	
2	
3	
4	
5	
6	
7	
8	

수업

제목을 살펴봅시다. 제목에서 받침에 ○를 쳐 봅시다.

젖다, 같다, 좇다

다음 단어들에 공통적으로 들어가는 받침을 찾아서 ○를 치세요.

갖다, 젖다, 늦다, 잊다, 낮다, 빚다, 맞다, 찢다, 꽂다

받침 낱자 'ㅈ'의 소리를 알아봅시다.

받침 ㅈ의 소리를 알아봅시다.

1. ㅈ 이 낱자의 이름은 '지읒'입니다. 글자 아래 받침 'ㅈ'은 무슨 소리가 나나요? '은' 소리가 납니다.

6 차시

2. 그림을 보면서 받침 ㅈ 소리를 연습해 봅시다.

[젖다] ➡ [저은따][젇따]

3. 낱자의 소리를 말하면서 표시된 순서에 따라 써 봅시다.

글자를 만들어 봅시다.

가와 ㅈ을 합치면 무슨 글자가 될까요?

1. 용수철을 사용하여 소리를 합쳐 봅시다.

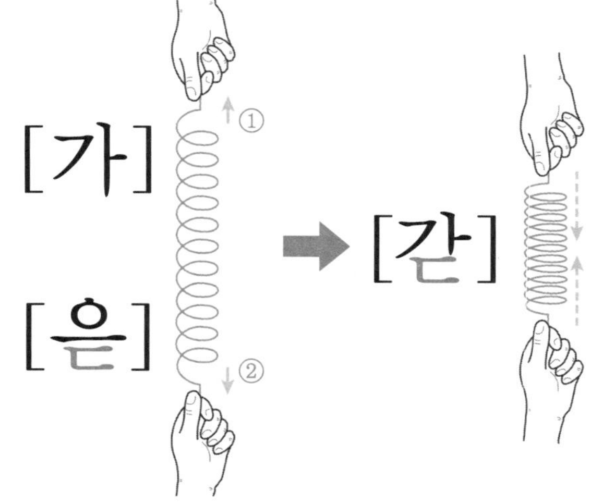

2. 다음 그림처럼 낱자 카드(✄ 〈부록 5쪽〉)를 사용하여 소리를 합쳐 봅시다.

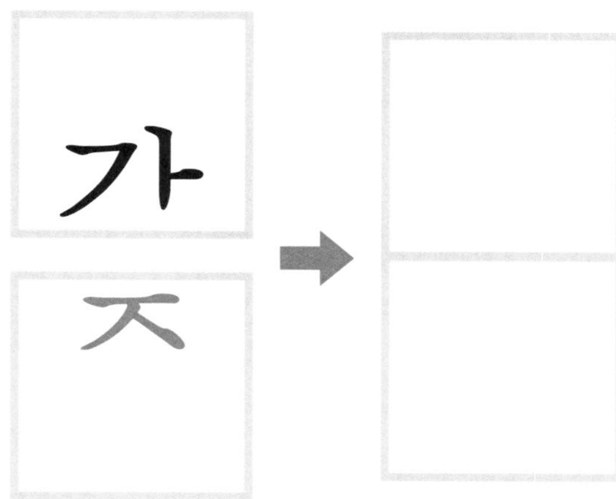

 느와 ㅈ을 합치면 무슨 글자가 될까요?

1. 용수철을 사용하여 소리를 합쳐 봅시다.

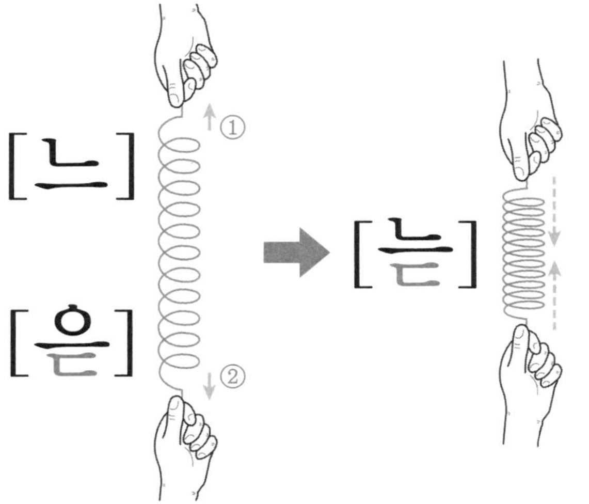

2. 다음 그림처럼 낱자 카드(✂ 〈부록 5쪽〉)를 사용하여 소리를 합쳐 봅시다.

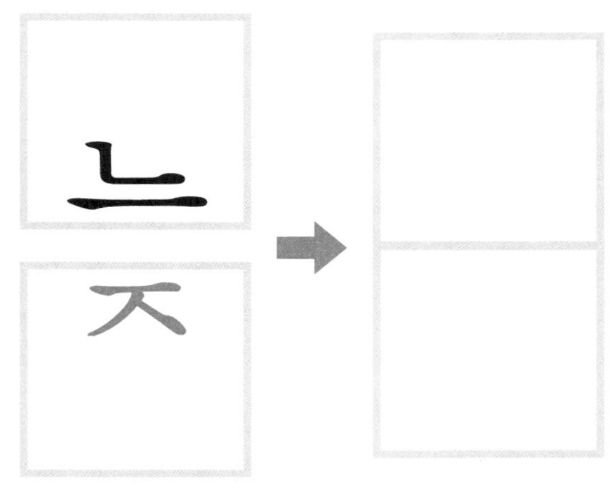

 이와 ㅈ을 합치면 무슨 글자가 될까요?

1. 용수철을 사용하여 소리를 합쳐 봅시다.

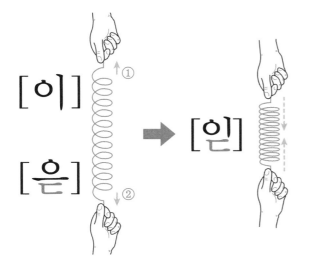

2. 다음 그림처럼 낱자 카드(✂ 〈부록 5쪽〉)를 사용하여 소리를 합쳐 봅시다.

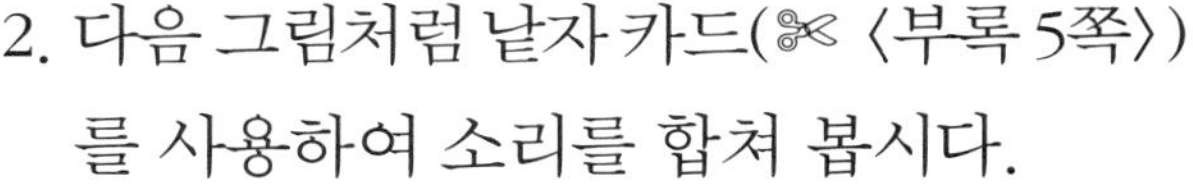

[이]

[읒]

[잊]

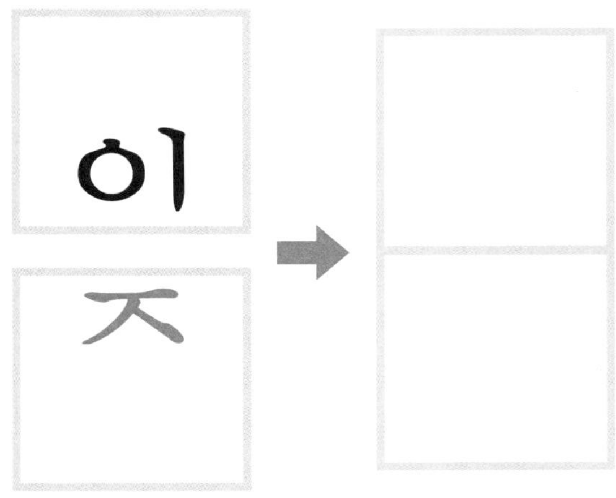

찌와 ㅈ을 합치면 무슨 글자가 될까요?

1. 용수철을 사용하여 소리를 합쳐 봅시다.

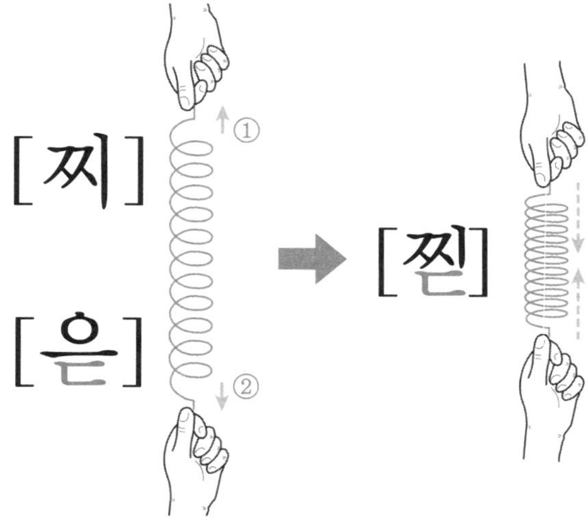

2. 다음 그림처럼 낱자 카드(✂ 〈부록 5쪽〉)를 사용하여 소리를 합쳐 봅시다.

다음 단어들에 알맞은 받침을 써 넣고, 문장을 소리 내어 읽어 본 후, 단어의 뜻을 알아봅시다.

종이를 찌다	➡	물건을 잡아당겨서 갈라지게 하다.
학교에 느다		정해진 시간보다 지나다.
고무찰흙을 비다		흙으로 뭔가를 만들다.
고마운 마음을 가다		가지다.
답이 마다		틀림없다.
머리핀을 꼬다		빠지지 않게 꼭 끼우다.
의자가 나다		아래에서 위까지의 높이가 보통에 미치지 못하다.
약속을 이다		기억하지 못하다.
옷이 저다		축축하게 되다.

받침 'ㅈ'이 들어간 단어의 받침에 ○를 치면서 단어를 읽고, 알맞은 뜻을 연결시켜 봅시다.

젖다	물건을 잡아당겨서 갈라지게 하다.
늦다	정해진 시간보다 지나다.
잊다	흙으로 뭔가를 만들다.
낮다	가지다.
빚다	틀림없다.
맞다	빠지지 않게 꼭 끼우다.
찢다	아래에서 위까지 길이가 짧다.
꽂다	기억하지 못하다.
갖다	축축하게 되다.

다음 단어들에 공통적으로 들어가는 받침을 찾아서 ○를 치세요.

같다, 맡다, 얕보다, 뱉다, 붙다

받침 낱자 'ㅌ'의 소리를 알아봅시다.

 받침 ㅌ의 소리를 알아봅시다.

1. ㅌ 이 낱자의 이름은 '티읕'입니다. 글자 아래 받침 'ㅌ'은 무슨 소리가 나나요? '읃' 소리가 납니다.

2. 그림을 보면서 받침 ㅌ 소리를 연습해 봅시다.

[같다] →

[가읃따][갇따]

3. 낱자의 소리를 말하면서 표시된 순서에 따라 써 봅시다.

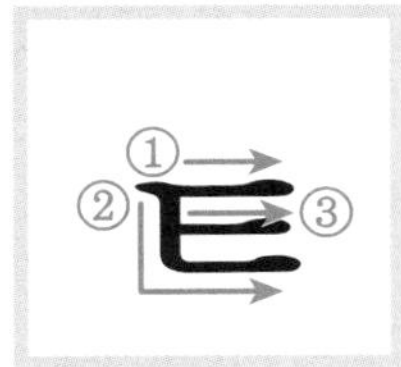

글자를 만들어 봅시다.

 가와 ㅌ을 합치면 무슨 글자가 될까요?

1. 용수철을 사용하여 소리를 합쳐 봅시다.

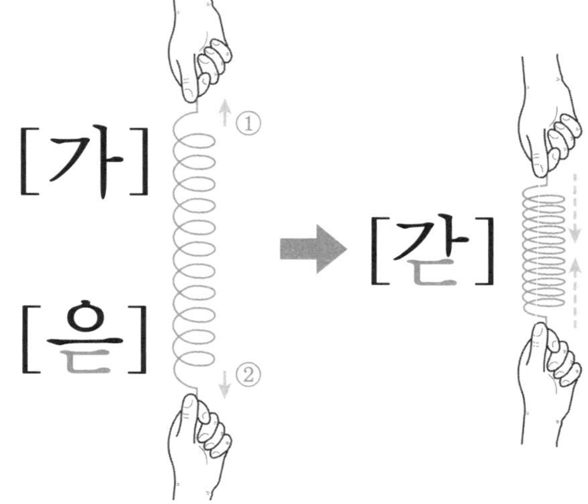

2. 다음 그림처럼 낱자 카드(✂ 〈부록 5쪽〉)를 사용하여 소리를 합쳐 봅시다.

마와 ㅌ을 합치면 무슨 글자가 될까요?

1. 용수철을 사용하여 소리를 합쳐 봅시다.

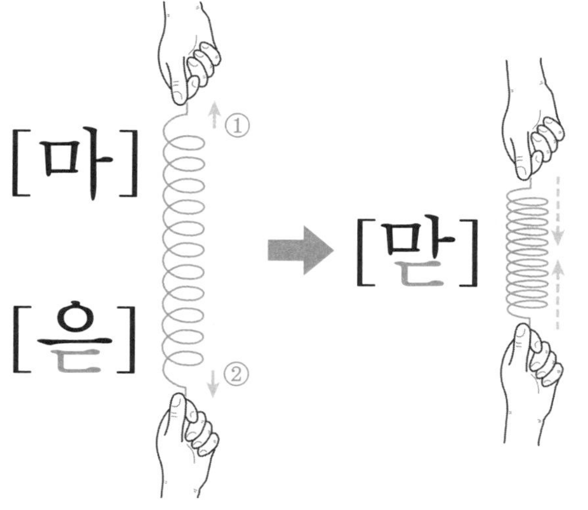

2. 다음 그림처럼 낱자 카드(✂ 〈부록 5쪽〉)를 사용하여 소리를 합쳐 봅시다.

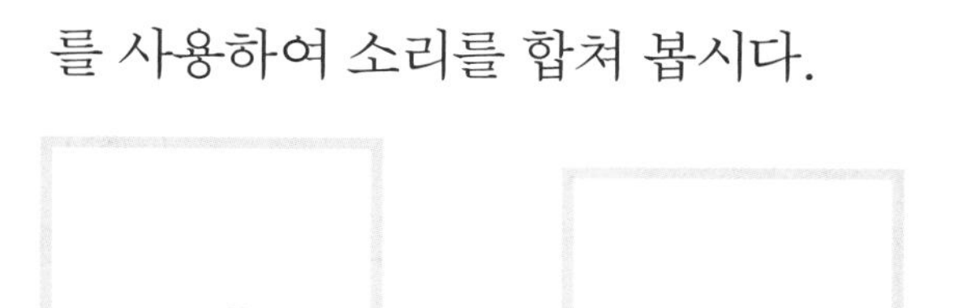

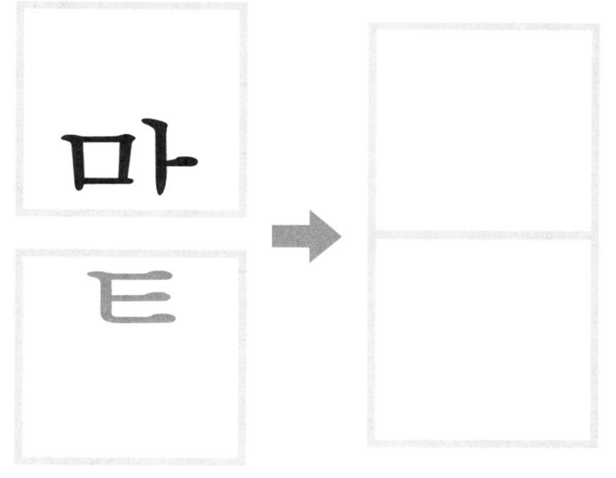

야와 ㅌ을 합치면 무슨 글자가 될까요?

1. 용수철을 사용하여 소리를 합쳐 봅시다.

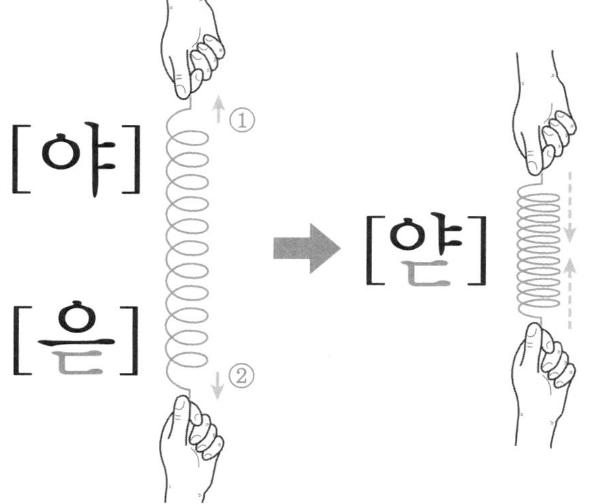

2. 다음 그림처럼 낱자 카드(✂ 〈부록 5쪽〉)를 사용하여 소리를 합쳐 봅시다.

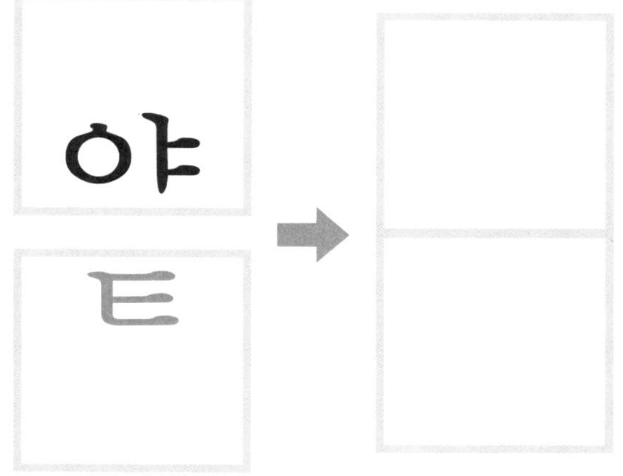

부와 ㅌ을 합치면 무슨 글자가 될까요?

1. 용수철을 사용하여 소리를 합쳐 봅시다.

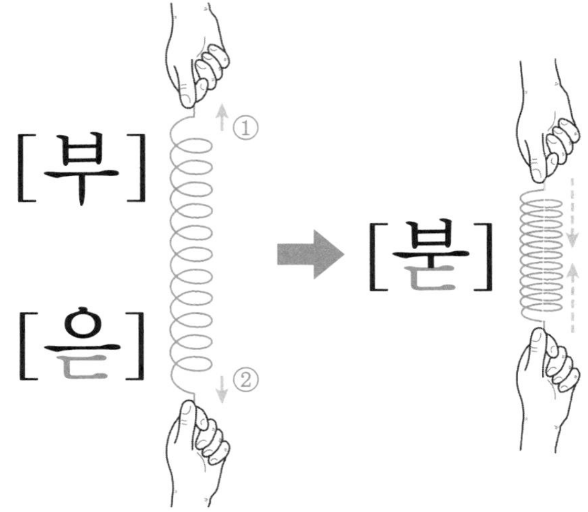

2. 다음 그림처럼 낱자 카드(✂ 〈부록 5쪽〉)를 사용하여 소리를 합쳐 봅시다.

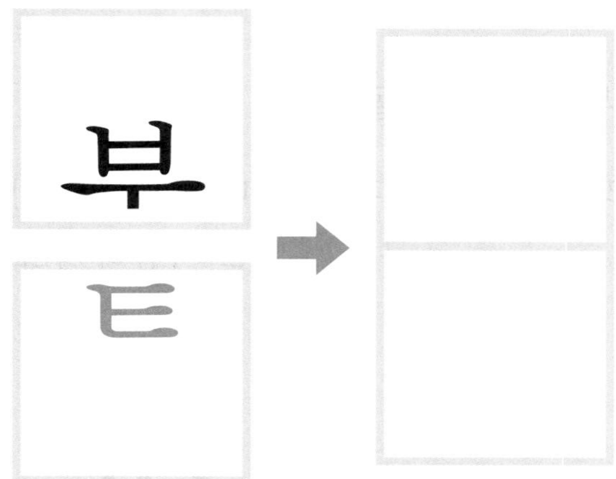

다음 단어들에 알맞은 받침을 써 넣고, 문장을 소리 내어 읽어 본 후, 단어의 뜻을 알아봅시다.

이름이 가다	→	서로 다르지 않다.
상대를 야보다		남을 깔보다. 남을 낮추어 보다.
밥풀이 부다		붙어서 떨어지지 않다.
냄새를 마다		냄새를 코로 느끼다.
침을 배다		입 안에 든 것을 입 밖으로 내보내다.
깊이가 야다		밑에서 위까지의 길이가 짧다.

받침 'ㅌ'이 들어간 단어의 받침에 ○를 치면서 단어를 읽고, 알맞은 뜻을 연결시켜 봅시다.

같다	●	●	서로 다르지 않다.
맡다	●	●	남을 깔보다. 남을 낮추어 보다.
뱉다	●	●	붙어서 떨어지지 않다.
얕보다	●	●	냄새를 코로 느끼다.
붙다	●	●	입 안에 든 것을 입 밖으로 내보내다.

다음 단어들에 공통적으로 들어가는 받침을 찾아서 ○를 치세요.

쫓다, 내쫓다, 낯설다

받침 낱자 'ㅊ'의 소리를 알아봅시다.

 받침 ㅊ의 소리를 알아봅시다.

1. ㅊ 이 낱자의 이름은 '치읓'입니다. 글자 아래 받침 'ㅊ'은 무슨 소리가 나나요? '읃' 소리가 납니다.

2. 그림을 보면서 받침 ㅊ 소리를 연습해 봅시다.

[쫓다] ➡

[쪼읃따][쫃따]

3. 낱자의 소리를 말하면서 표시된 순서에 따라 써 봅시다.

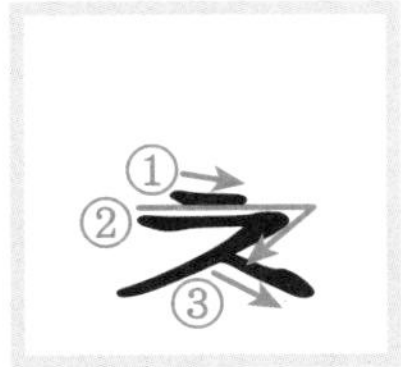

글자를 만들어 봅시다.

쪼와 ㅊ을 합치면 무슨 글자가 될까요?

1. 용수철을 사용하여 소리를 합쳐 봅시다.

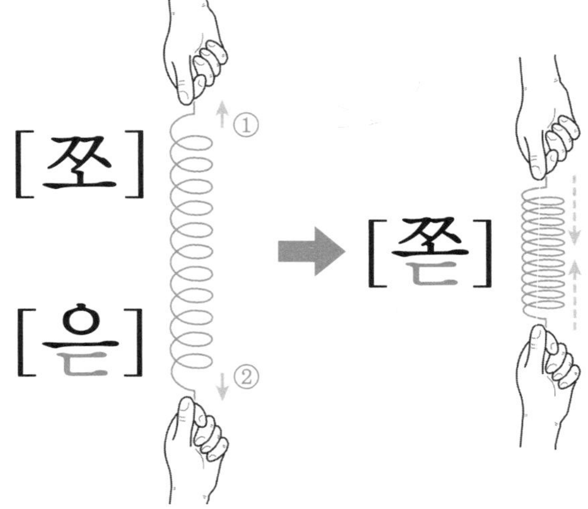

2. 다음 그림처럼 낱자 카드(✂ 〈부록 5쪽〉)를 사용하여 소리를 합쳐 봅시다.

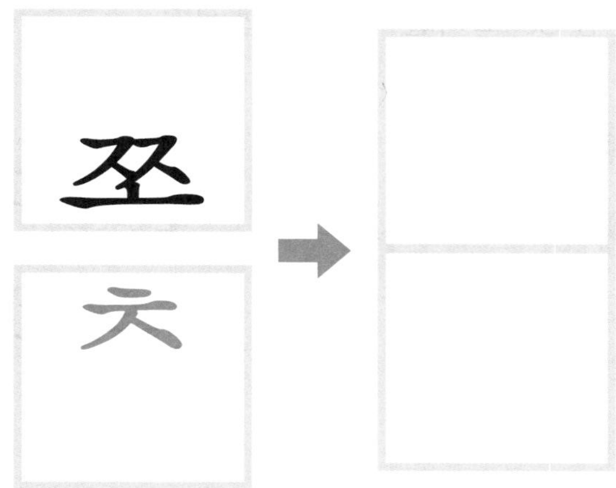

나와 ㅊ을 합치면 무슨 글자가 될까요?

1. 용수철을 사용하여 소리를 합쳐 봅시다.

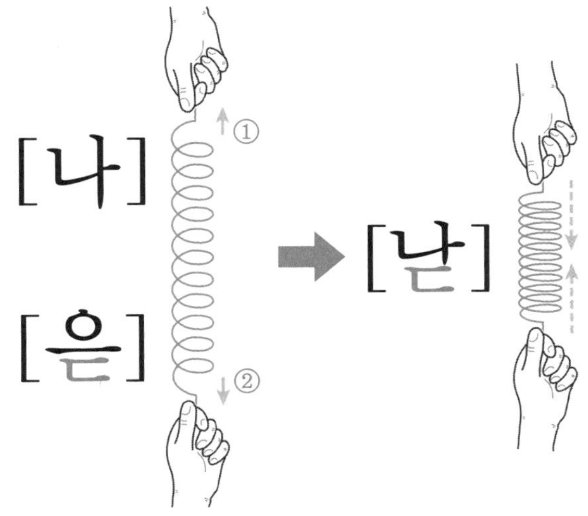

2. 다음 그림처럼 낱자 카드(✂ 〈부록 5쪽〉)를 사용하여 소리를 합쳐 봅시다.

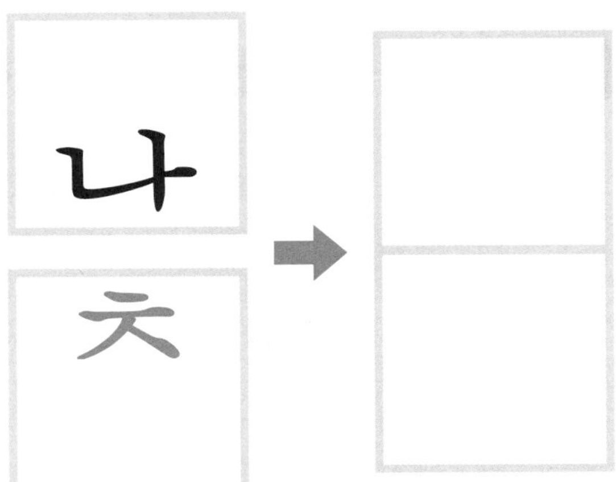

다음 단어들에 알맞은 받침을 써 넣고, 문장을 소리 내어 읽어 본 후, 단어의 뜻을 알아봅시다.

새 친구들이 나설다		서로 알지 못하여 어색하다.
고양이가 쥐를 쪼다		뒤에서 따라가다.
왕비가 백설공주를 내쪼다		억지로 내보내다.
하늘의 별이 비나다		빛이 환하게 비치다.

받침 'ㅊ'이 들어간 단어의 받침에 ○를 치면서 단어를 읽고, 알맞은 뜻을 연결시켜 봅시다.

단어			뜻
쫓다	●	●	서로 알지 못하여 어색하다.
낯설다	●	●	뒤에서 따라가다.
내쫓다	●	●	억지로 내보내다.
빛나다	●	●	빛이 환하게 비치다.

〈보기〉에서 빈칸에 알맞은 단어를 골라 적으세요.

01 이름이 [　　　　] .

● 보기 ●

① 갖다　② 갔다　③ 같다

02 고양이가 쥐를 [　　　　] .

● 보기 ●

① 쫓다　② 쫒다　③ 쫕다

03 냄새를 [　　　　] .

● 보기 ●

① 맡다　② 맞다　③ 맏다

04 새 친구들이 [　　　　] .

● 보기 ●

① 낯설다　② 낮설다　③ 낫설다

05 고마운 마음을 [　　　　] .

● 보기 ●

① 갖다　② 갔다　③ 같다

06 열매를 [   ].

● 보기 ●

① 맺다 ② 맸다 ③ 맷다

07 답이 [   ].

● 보기 ●

① 맡다 ② 맞다 ③ 맏다

받침이 들어간 단어의 받침에 ○를 치면서 읽고, 단어를 가림판으로 가리고 기억하여 쓴 후, 맞게 썼는지 확인해 봅시다. 그다음, 단어를 세 번 더 반복해서 써 봅시다.

받침에 ○를 치면서 읽기	기억하여 쓰기	반복 쓰기	반복 쓰기	반복 쓰기
갖다				
젖다				
낮다				
맞다				
뱉다				
내쫓다				
낯설다				
늦다				
잊다				
빚다				
찢다				
붙다				
쫓다				
뱉다				

다음 문장들의 단어에 받침 ㅈ, ㅌ, ㅊ 중 알맞은 받침을 적어 넣어 봅시다.

1. 약속을 이다.
2. 새 친구들이 나설다.
3. 학교에 느다.
4. 몸이 저다.
5. 상대를 야보다.
6. 고양이가 쥐를 쪼다.
7. 종이를 찌다.
8. 침을 배다.
9. 의자가 나다.
10. 답이 마다.
11. 고무찰흙을 비다.
12. 냄새를 마다.
13. 고마운 마음을 가다.
14. 이름이 가다.
15. 머리핀을 꼬다.
16. 밥풀이 부다.

이전 활동에서 완성한 단어들을 같은 받침을 가진 단어끼리 단어 카드(✄ 〈부록 7쪽〉)를 사용하여 붙여 봅시다. 그다음, 받침별로 소리 내어 읽어 봅시다.

받침 ㅈ	받침 ㅊ	받침 ㅌ

사후평가

"선생님이 불러 주는 단어를 받아 적는 문제입니다. 잘 듣고, 답안지에 단어를 받아 적어 보세요."

(정답지 p. 222에 평가 문항 제시)

번호	단어
1	
2	
3	
4	
5	
6	
7	
8	

02

음운 변동이 적용되는 홑받침 단어

일러두기(1차시)

연음 법칙

자음으로 끝나는 음절에 모음으로 시작되는 음절이 이어질 때, 앞음절의 끝소리가 뒷음절 첫소리가 되는 음운 규칙을 말한다. 즉, 앞글자에 받침이 있고, 뒷글자가 'ㅇ'으로 시작되면 앞글자 받침이 뒷글자 'ㅇ' 자리로 넘어가서 발음된다.

예) 책 + 이 → [채기]
 웃 + 음 → [우슴]
 믿 + 어 + 서 → [미더서]

음운 변동이 적용되는 단어의 단어인지 및 철자 교수법

음운 변동이 적용되는 단어의 단어인지 및 철자 교수법은 1) 표기처리 중심 철자 교수법과 2) 형태처리 중심 철자 교수법이 결합된 형태의 교수법으로 실시하는 것이 효과적이다.

표기처리 중심 철자 교수법

표기처리 중심 철자 교수법은 단어의 발음뿐 아니라 단어의 시각적인 형태에도 초점을 맞추어 가르치는 교수법이다. 한글의 경우에는 음운 변동 규칙을 가르침으로써, 단어의 시각적인 형태에 초점을 맞추도록 가르친다. 각 음운 변동별로 단어들을 묶어서 해당 음운 변동 규칙을 명시적으로 가르치고(예, 연음 법칙이 적용되는 단어: 걸음, 국어, 웃음, 돌아서다), 같은 음운 변동이 적용되는 단어들끼리 분류하는 활동(word sorting; 예, 걸음, 국어, 웃음, 돌아서다 – 연음 vs. 습한, 쌓고, 시작하다, 내놓다 – 축약) 등을 실시하는 것이 필요하다.

형태처리 중심 철자 교수법

형태처리 중심 철자 교수법은 단어의 형태적 구조(morphological structure)를 명시적으로 가르치는 교수법이다. 특히 한글의 경우에는 용언의 기본형과 용언의 변형을 연결 지어 교수하는 방법이 효과적인 것으로 밝혀졌다. 즉, 용언의 어간과 어미를 명시적으로 가르치고, 어미별로 단어를 분류하는 활동 등을 실시하는 것이 필요하다.

가리고 – 기억하여 쓰고 – 비교하기

가리고, 기억하여 쓰고, 비교하기(cover, copy, compare)는 자기 교정법에 속하는 활동이다. 학생에게 단어를 보여 준 다음, 단어를 가리고(cover), 약간의 시간(예, 약 3초)을 주어 학생이 단어를 기억하여 쓰도록 하고(copy), 그다음 다시 단어를 보여 주어 해당 단어와 자신의 답을 비교하여 답을 확인하게 한다(compare).

단어 분류하기

단어 분류하기는 단어를 구체적인 기준에 따라 구분하는 활동을 의미한다. 예를 들어, 같은 받침이 있는 단어들끼리 구분하거나, 같은 음운 변동 규칙이 적용되는 단어들끼리 구분하는 활동 등이 이에 해당한다.

1차시 홑받침 연음 - 홑받침 + 'ㅇ' 시작 단어: 웃음

학습목표

받침 + 'ㅇ' 시작 단어(연음 법칙이 적용되는 단어)를 정확하게 읽고 쓸 수 있다.

사전평가

"선생님이 불러 주는 단어를 받아 적는 문제입니다. 잘 듣고, 답안지에 단어를 받아 적어 보세요."

(정답지 p. 223에 평가 문항 제시)

번호	단어
1	
2	
3	
4	
5	
6	
7	
8	

수업

다음 네모 안의 글자들을 읽어 봅시다. 1)과 2)의 발음이 어떻게 다른지 비교해 봅시다.

1) 웃 음

2) 웃음

음운 변동 규칙 소개하기: 연음 법칙

앞글자에 홑받침이 있고 뒷글자가 'ㅇ'으로 시작되면,
앞글자 받침이 뒷글자 'ㅇ' 자리로 넘어가서 발음된다.

웃음 ➡ 우슴

앞글자 받침과 뒷글자 'ㅇ'에 ○를 치고, 둘을 화살표로 이으면서, 앞글자 받침을 'ㅇ' 자리에 옮겨 넣어 읽어 보세요.

웃음 → 우슴

꼽음	꼽았다	꼽아서
닦음	닦았다	닦아서
덮음	덮었다	덮어서
맞음	맞았다	맞아서
맡음	맡았다	맡아서
묶음	묶었다	묶어서
받음	받았다	받아서
불음	불었다	불어서
붙음	붙었다	붙어서

웃음 → 우슴

솟음	솟았다	솟아서
안음	안았다	안아서
잊음	잊었다	잊어서
쫓음	쫓았다	쫓아서
죽음	죽었다	죽어서
집음	집었다	집어서
짚음	짚었다	짚어서
찢음	찢었다	찢어서
품음	품었다	품어서

〈보기〉에서 빈칸에 알맞은 단어를 골라 적으세요.

01 고양이가 쥐를 [ ].

● 보기 ●

① 졷다 ② 좇다 ③ 쫓다 ④ 쫃다

02 떨어진 물건을 [ ] 주었다.

● 보기 ●

① 집어 ② 짚어 ③ 지버 ④ 짒어

03 이마를 [ ] 보니 열이 있었다.

● 보기 ●

① 짚어 ② 집어 ③ 짒어 ④ 지퍼

04 추워서 두꺼운 이불을 [ ].

● 보기 ●

① 덮었다 ② 덥었다 ③ 덮펐다 ④ 덦었다

05 새 신발이 내 발에 딱 [ ].

● 보기 ●

① 맏았다 ② 맞았다 ③ 맣았다 ④ 맜았다

06 연극에서 주인공을 [　　　　] .

● 보기 ●

① 맡았다　② 맏았다　③ 맛았다　④ 맣았다

07 친구관계를 [　　　　] .

● 보기 ●

① 맺음　② 맻음　③ 매즘　④ 맷음

08 바람이 [　　　　] 시원하다.

● 보기 ●

① 부러서　② 불어서　③ 붊어서　④ 불러서

09 헌 옷을 [　　　　] 걸레를 만들었다.

● 보기 ●

① 찌저서　② 찢저서　③ 찢어서　④ 찧어서

10 친구와의 약속을 [　　　　] .

● 보기 ●

① 있었다　② 잃었다　③ 이젔다　④ 잊었다

11 짝꿍은 나와 키가 [ ].

● 보기 ●

① 같았다 ② 갔았다 ③ 갖았다 ④ 갔았다

12 얼룩을 [ ] 깨끗해졌다.

● 보기 ●

① 닥아서 ② 닸가서 ③ 닦가서 ④ 닦아서

13 사냥꾼이 사슴을 [ ].

● 보기 ●

① 좇았다 ② 쫓았다 ③ 쫓찼다 ④ 쪼찼다

14 옷이 [ ] 감기에 걸렸다.

● 보기 ●

① 젖어서 ② 저져서 ③ 젗어서 ④ 젔어서

15 거짓말을 [ ] 실수를 했다.

● 보기 ●

① 밑어서 ② 믿어서 ③ 밋어서 ④ 밎어서

〈보기〉에서 빈칸에 알맞은 단어를 찾아 쓰세요.

● 보기 ●

불었다, 꼽았다, 받았다, 쫓아서, 찢어서,
닦음, 짚음, 빼어서, 뻗어서, 맡았다

1. 그 영화를 올해 최고의 영화로 ____.

2. 지팡이를 ____.

3. 색종이를 ____ 작품을 만들었다.

4. 음식 냄새를 ____.

5. 팔을 ____ 친구의 손을 잡았다.

6. 크리스마스 선물을 ____.

7. 유리창을 ____.

8. 친구를 ____ 달려갔다.

9. 나팔을 ____.

10. 지갑을 ____ 달아났다.

● 보기 ●

맞았다, 잊었다, 품었다, 묶음, 덮어서, 죽음, 붙었다, 솟음, 안았다, 집음

1. 자석에 못이 [ ].

2. 머리를 예쁘게 [ ].

3. 중요한 약속을 [ ].

4. 반려견의 [ ]을 슬퍼하다.

5. 닭이 알을 [ ].

6. 건물이 높이 [ ].

7. 아이를 꼭 [ ].

8. 젓가락으로 음식을 [ ].

9. 이불을 [ ] 따뜻하다.

10. 내 답이 [ ].

앞글자 받침과 뒷글자 'ㅇ'에 ○를 치면서 단어를 읽으세요. 그다음, 단어를 가림판으로 가리고 기억하여 쓴 후, 맞게 썼는지 확인해 봅시다. 그리고 단어를 세 번 더 반복해서 써 봅시다.

앞글자 받침과 뒷글자 'ㅇ'에 ○를 치면서 읽기	기억하여 쓰기	반복 쓰기	반복 쓰기	반복 쓰기
불었다				
짚음				
쫓아서				
뻗어서				
뺏어서				
꼽았다				
찢어서				
말았다				
받았다				
닦음				

앞글자 받침과 뒷글자 'ㅇ'에 ○를 치면서 읽기	기억하여 쓰기	반복 쓰기	반복 쓰기	반복 쓰기
맞았다				
솟음				
안았다				
덮어서				
죽음				
품었다				
묶음				
불었다				
잊었다				
집음				

다음 단어의 어간(변하지 않는 글자)에 ○를 치면서 단어를 읽어 보세요.

어미
음
았다/었다
아서/어서

꼽음	꼽았다	꼽아서
닦음	닦았다	닦아서
덮음	덮었다	덮어서
맞음	맞았다	맞아서
맡음	맡았다	맡아서
묶음	묶었다	묶어서
받음	받았다	받아서
불음	불었다	불어서
붙음	붙었다	붙어서

어미

음
았다/었다
아서/어서

솟음	솟았다	솟아서
안음	안았다	안아서
잊음	잊었다	잊어서
쫓음	쫓았다	쫓아서
죽음	죽었다	죽어서
집음	집었다	집어서
짚음	짚었다	짚어서
찢음	찢었다	찢어서
품음	품었다	품어서

다음 단어의 어미에 ○를 치면서 단어를 읽어 보세요.

꼽음	꼽았다	꼽아서
닦음	닦았다	닦아서
덮음	덮었다	덮어서
맞음	맞았다	맞아서
맡음	맡았다	맡아서
묶음	묶었다	묶어서
받음	받았다	받아서
불음	불었다	불어서
붙음	붙었다	붙어서

어간
웃

솟음	솟았다	솟아서
안음	안았다	안아서
잊음	잊었다	잊어서
쫒음	쫒았다	쫒아서
죽음	죽었다	죽어서
집음	집었다	집어서
짚음	짚었다	짚어서
찢음	찢었다	찢어서
품음	품었다	품어서

다음 문장들의 단어에 알맞은 받침을 적어 넣어 봅시다.

1. 유리창을 다아서 깨끗하다.
2. 그 영화를 최고의 영화로 꼬았다.
3. 아기를 꼭 아음.
4. 산이 높이 소았다.
5. 오징어를 찌어서 먹다.
6. 선물을 바아서 기쁘다.
7. 알을 푸었다.
8. 지팡이를 지음.
9. 손가락으로 동전을 지음.
10. 반려견의 주음을 슬퍼하다.
11. 장미꽃 한 무음.
12. 도둑을 쪼았다.
13. 친구의 생일을 깜빡 이었다.
14. 주었다가 도로 빼음.
15. 맛있는 냄새를 마았다.
16. 얼굴에 밥풀이 부었다.
17. 바람이 부었다.
18. 뿌리가 잘 뻐음.
19. 독감 주사를 마음.

이전 활동에서 완성한 단어들을 같은 받침과 같은 어미를 가진 단어끼리 단어 카드(✂ 〈부록 8쪽〉)를 사용하여 붙여 봅시다. 그다음, 받침별로 소리 내어 읽어 봅시다.

	-음	-아서/어서	-았다/었다
받침ㄱ			
받침ㄲ			
받침ㄴ			
받침ㄷ			
받침ㄹ			
받침ㅁ			
받침ㅂ			
받침ㅅ			
받침ㅈ			
받침ㅊ			
받침ㅌ			
받침ㅍ			

"선생님이 불러 주는 단어를 받아 적는 문제입니다. 잘 듣고, 답안지에 단어를 받아 적어 보세요."

(정답지 p. 224에 평가 문항 제시)

번호	단어
1	
2	
3	
4	
5	
6	
7	
8	

일러두기(2차시)

ㅎ 탈락 법칙

앞글자의 받침이 'ㅎ'이고, 뒷글자가 'ㅇ'으로 시작되면 앞글자의 'ㅎ' 받침이 발음되지 않는다.

예) 좋 + 아 → [조아]
쌓 + 아 → [싸아]
넣 + 었 + 다 → [너얻따]

음운 변동이 적용되는 단어의 단어인지 및 철자 교수법

음운 변동이 적용되는 단어의 단어인지 및 철자 교수법은 1) 표기처리 중심 철자 교수법과 2) 형태처리 중심 철자 교수법이 결합된 형태의 교수법으로 실시하는 것이 효과적이다.

표기처리 중심 철자 교수법

표기처리 중심 철자 교수법은 단어의 발음뿐 아니라 단어의 시각적인 형태에도 초점을 맞추어 가르치는 교수법이다. 한글의 경우에는 음운 변동 규칙을 가르침으로써, 단어의 시각적인 형태에 초점을 맞추도록 가르친다. 각 음운 변동별로 단어들을 묶어서 해당 음운 변동 규칙을 명시적으로 가르치고(예, ㅎ 탈락 법칙이 적용되는 단어: 좋아, 쌓은, 좋았다), 같은 음운 변동이 적용되는 단어들끼리 분류하는 활동(word sorting; 예, 좋아, 쌓은, 좋았다 – ㅎ 탈락 법칙 vs. 습한, 쌓고, 시작하다, 내놓다 – 축약) 등을 실시하는 것이 필요하다.

형태처리 중심 철자 교수법

형태처리 중심 철자 교수법은 단어의 형태적 구조(morphological structure)를 명시적으로 가르치는 교수법이다. 특히 한글의 경우에는 용언의 기본형과 용언의 변형을 연결 지어 교수하는 방법이 효과적인 것으로 밝혀졌다. 즉, 용언의 어간과 어미를 명시적으로 가르치고, 어미별로 단어를 분류하는 활동 등을 실시하는 것이 필요하다.

가리고－기억하여 쓰고－비교하기

가리고, 기억하여 쓰고, 비교하기(cover, copy, compare)는 자기 교정법에 속하는 활동이다. 학생에게 단어를 보여 준 다음, 단어를 가리고(cover), 약간의 시간(예, 약 3초)을 주어 학생이 단어를 기억하여 쓰도록 하고(copy), 그다음 다시 단어를 보여 주어 해당 단어와 자신의 답을 비교하여 답을 확인하게 한다(compare).

단어 분류하기

단어 분류하기는 단어를 구체적인 기준에 따라 구분하는 활동을 의미한다. 예를 들어, 같은 받침이 있는 단어들끼리 구분하거나, 같은 음운 변동 규칙이 적용되는 단어들끼리 구분하는 활동 등이 이에 해당한다.

2차시 홑받침 ㅎ 탈락 - 홑받침 ㅎ + 'ㅇ' 시작 단어: 좋아

받침 'ㅎ' + 'ㅇ' 시작 단어(ㅎ 탈락 법칙이 적용되는 단어)를 정확하게 읽고 쓸 수 있다.

"선생님이 불러 주는 단어를 받아 적는 문제입니다. 잘 듣고, 답안지에 단어를 받아 적어 보세요."

(정답지 p. 224에 평가 문항 제시)

번호	단어
1	
2	
3	
4	
5	
6	
7	
8	

수업

다음 네모 안의 글자들을 읽어 봅시다. 1)과 2)의 발음이 어떻게 다른지 비교해 봅시다.

1) 좋 아

2) 좋아

음운 변동 규칙 소개하기: ㅎ 탈락 법칙

앞글자의 받침이 'ㅎ'이고 뒷글자가 'ㅇ'으로 시작되면,
앞글자의 받침 'ㅎ'은 발음되지 않는다.

좋아  조아

앞글자 받침 'ㅎ'과 뒷글자 'ㅇ'에 ○를 친 후, 받침 'ㅎ'에 ×표 하면서 읽어 보세요.

좋아 → 조아

좋아	좋았다	좋은
쌓아	쌓았다	쌓은
찧어	찧었다	찧은
넣어	넣었다	넣은
놓아	놓았다	놓은
낳아	낳았다	낳은
빻아	빻았다	빻은
땋아	땋았다	땋은

〈보기〉에서 빈칸에 알맞은 단어를 골라 적으세요.

01 생일 선물을 받고 기분이 [   ].

● 보기 ●

① 좋았다 ② 조았다 ③ 조아다 ④ 좃았다

02 집 앞 마당에 눈이 [   ].

● 보기 ●

① 샇이다 ② 쌓이다 ③ 싸이다 ④ 사이다

03 책상 위에 책을 올려 [   ].

● 보기 ●

① 놓아다 ② 노았다 ③ 놓았다 ④ 노아다

04 떡을 만들려고 쌀가루를 [   ].

● 보기 ●

① 빠아다 ② 빻았다 ③ 빠았다 ④ 빻아다

05 우편함에 열쇠를 [   ] 두었다.

● 보기 ●

① 넣어 ② 너어 ③ 넛어 ④ 넣허

06 고모가 예쁜 딸을 [ ] .

● 보기 ●

① 낳았다 ② 낳아다 ③ 나았다 ④ 나아다

07 마당에 장작을 [ ] .

● 보기 ●

① 싸아다 ② 쌓았다 ③ 쌓아다 ④ 싸았다

08 엄마가 머리를 예쁘게 [ ] 주셨다.

● 보기 ●

① 따아 ② 땆아 ③ 땋아 ④ 닿아

09 문에 발등을 [ ] 아팠다.

● 보기 ●

① 찌어 ② 찧어 ③ 찢어 ④ 짛어

10 책가방에 책을 [ ] .

● 보기 ●

① 넣었다 ② 너었다 ③ 너어다 ④ 넣어다

〈보기〉에서 빈칸에 알맞은 단어를 찾아 쓰세요.

● 보기 ●

넣었다, 좋은, 놓아, 놓을, 쌓아, 낳았다, 찧어, 빻았다, 낳아, 땋았다

1. 우리 집 개가 새끼를 세 마리 [ ].
2. 오늘은 날씨가 [ ] 날이다.
3. 쌍둥이를 [ ] 기르다.
4. 맷돌을 사용하여 곡식을 [ ].
5. 장작을 수북이 [ ] 놓았다.
6. 필통에 연필과 지우개를 [ ].
7. 스케이트를 타다가 엉덩방아를 [ ] 아프다.
8. 잡은 손을 [ ] 수 없다.
9. 내 손을 [ ] 줘!
10. 그녀는 머리를 양 갈래로 [ ].

앞글자 받침 'ㅎ'과 뒷글자 'ㅇ'에 ○를 치면서 단어를 읽으세요. 그다음, 단어를 가림판으로 가리고 기억하여 쓴 후, 맞게 썼는지 확인해 봅시다. 그리고 단어를 세 번 더 반복해서 써 봅시다.

앞글자 받침과 뒷글자 'ㅇ'에 ○를 치면서 읽기	기억하여 쓰기	반복 쓰기	반복 쓰기	반복 쓰기
좋아				
쌓았다				
찧은				
넣어				
놓았다				
낳은				
빻아				
땋았다				
빻은				
낳았다				
놓아				
넣었다				
찧어				

다음 단어의 어간(변하지 않는 글자)에 ○를 치면서 단어를 읽어 보세요.

좋아	좋았다	좋은
쌓아	쌓았다	쌓은
찧어	찧었다	찧은
넣어	넣었다	넣은
놓아	놓았다	놓은
낳아	낳았다	낳은
빻아	빻았다	빻은
땋아	땋았다	땋은

다음 단어의 어미에 ○를 치면서 단어를 읽어 보세요.

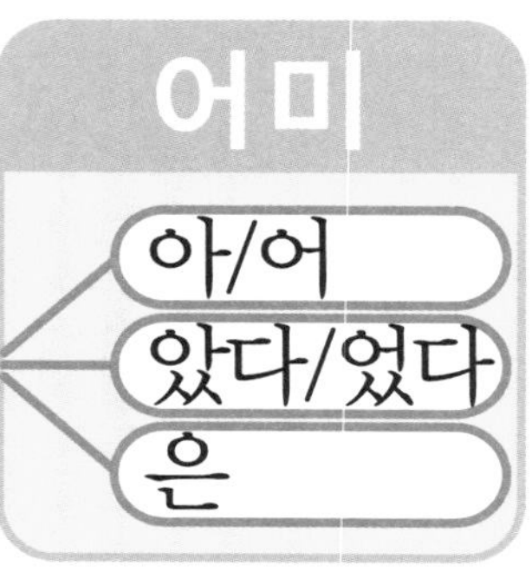

좋아	좋았다	좋은
쌓아	쌓았다	쌓은
찧어	찧었다	찧은
넣어	넣었다	넣은
놓아	놓았다	놓은
낳아	낳았다	낳은
빻아	빻았다	빻은
땋아	땋았다	땋은

다음 문장들의 단어에 알맞은 받침을 적어 넣어 봅시다.

1. 책상 위에 노은 책
2. 돌로 싸은 탑
3. 듣기 조은 노래
4. 쌀을 빠아 떡을 만들다.
5. 두 갈래로 따은 머리
6. 빠은 쌀로 만든 떡
7. 책을 가방에 너었다.
8. 무릎을 찌었다.
9. 가방에 너어 두어라.
10. 탑을 싸았다.
11. 엄마가 나를 나았다.
12. 탑을 싸아 올리다.
13. 무릎을 찌어 아프다.
14. 쌀가루를 빠았다.
15. 책을 책상 위에 노았다.
16. 엄마가 나를 나아 주셨다.
17. 노래가 듣기 조았다.
18. 머리카락을 따아 내리다.

이전 활동에서 완성한 단어들을 같은 어미를 가진 단어끼리 단어 카드(✂ 〈부록 8쪽〉)를 사용하여 붙여 봅시다. 그다음, 어미별로 소리 내어 읽어 봅시다.

	받침 'ㅎ'				
-아/어					
-았다/ 었다					
-은					

"선생님이 불러 주는 단어를 받아 적는 문제입니다. 잘 듣고, 답안지에 단어를 받아 적어 보세요."

(정답지 p. 225에 평가 문항 제시)

번호	단어
1	
2	
3	
4	
5	
6	
7	
8	

일러두기(3차시)

축약 법칙

앞글자의 받침이 'ㅎ'이고, 뒷글자가 'ㄱ' 'ㄷ' 'ㅈ'으로 시작되면 앞글자의 'ㅎ' 받침과 뒷글자의 'ㄱ' 'ㄷ' 'ㅈ'이 합해져서 'ㅋ' 'ㅌ' 'ㅊ'으로 발음된다.
예) 좋 + 고 → [조코]
쌓 + 지 → [싸치]
넣 + 다 → [너타]

음운 변동이 적용되는 단어의 단어인지 및 철자 교수법

음운 변동이 적용되는 단어의 단어인지 및 철자 교수법은 1) 표기처리 중심 철자 교수법과 2) 형태처리 중심 철자 교수법이 결합된 형태의 교수법으로 실시하는 것이 효과적이다.

표기처리 중심 철자 교수법

표기처리 중심 철자 교수법은 단어의 발음뿐 아니라 단어의 시각적인 형태에도 초점을 맞추어 가르치는 교수법이다. 한글의 경우에는 음운 변동 규칙을 가르침으로써, 단어의 시각적인 형태에 초점을 맞추도록 가르친다. 각 음운 변동별로 단어들을 묶어서 해당 음운 변동 규칙을 명시적으로 가르치고(예, 축약 법칙이 적용되는 단어: 쌓고, 시작하다, 내놓다), 같은 음운 변동이 적용되는 단어들끼리 분류하는 활동(word sorting; 예, 걸음, 국어, 웃음, 돌아서다 – 연음 vs. 습한, 쌓고, 시작하다, 내놓다 – 축약) 등을 실시하는 것이 필요하다.

형태처리 중심 철자 교수법

형태처리 중심 철자 교수법은 단어의 형태적 구조(morphological structure)를 명시적으로 가르치는 교수법이다. 특히 한글의 경우에는 용언의 기본형과 용언의 변형을 연결 지어 교수하는 방법이 효과적인 것으로 밝혀졌다. 즉, 용언의 어간과 어미를 명시적으로 가르치고, 어미별로 단어를 분류하는 활동 등을 실시하는 것이 필요하다.

가리고 – 기억하여 쓰고 – 비교하기

가리고, 기억하여 쓰고, 비교하기(cover, copy, compare)는 자기 교정법에 속하는 활동이다. 학생에게 단어를 보여 준 다음, 단어를 가리고(cover), 약간의 시간(예, 약 3초)을 주어 학생이 단어를 기억하여 쓰도록 하고(copy), 그다음 다시 단어를 보여 주어 해당 단어와 자신의 답을 비교하여 답을 확인하게 한다(compare).

단어 분류하기

단어 분류하기는 단어를 구체적인 기준에 따라 구분하는 활동을 의미한다. 예를 들어, 같은 받침이 있는 단어들끼리 구분하거나, 같은 음운 변동 규칙이 적용되는 단어들끼리 구분하는 활동 등이 이에 해당한다.

3차시 홑받침 축약 - 홑받침 ㅎ + 'ㄱ, ㄷ, ㅈ' 시작 단어: 좋고

학습목표

받침 'ㅎ' + 'ㄱ' 'ㄷ' 'ㅈ' 시작 단어(축약 법칙이 적용되는 단어)를 정확하게 읽고 쓸 수 있다.

사전평가

"선생님이 불러 주는 단어를 받아 적는 문제입니다. 잘 듣고, 답안지에 단어를 받아 적어 보세요."

(정답지 p. 225에 평가 문항 제시)

번호	단어
1	
2	
3	
4	
5	
6	
7	
8	

수업

다음 네모 안의 글자들을 읽어 봅시다. 1)과 2)의 발음이 어떻게 다른지 비교해 봅시다.

1) | 좋 | 고 |

2) | 좋고 |

음운 변동 규칙 소개하기: 축약 법칙

앞글자의 받침이 'ㅎ'이고 뒷글자가 'ㄱ' 'ㄷ' 'ㅈ'으로 시작되면, 앞글자의 받침 'ㅎ'과 뒷글자의 'ㄱ' 'ㄷ' 'ㅈ'이 합해져서 'ㅋ' 'ㅌ' 'ㅊ'으로 발음된다.

좋고 → 조코

앞글자 받침 'ㅎ'과 뒷글자 'ㄱ'에 ○를 치고, 둘에 + 표시를 하면서 읽어 보세요.

좋고 → 조코

좋고	좋게
쌓고	쌓게
찧고	찧게
넣고	넣게
놓고	놓게
낳고	낳게
빻고	빻게
땋고	땋게

앞글자 받침 'ㅎ'과 뒷글자 'ㅈ'에 ○를 치고, 둘에 + 표시를 하면서 읽어 보세요.

좋지 → 조치

앞글자 받침 'ㅎ'과 뒷글자 'ㄷ'에 ○를 치고, 둘에 + 표시를 하면서 읽어 보세요.

좋다 → 조타

〈보기〉에서 빈칸에 알맞은 단어를 골라 적으세요.

01 무릎을 ______ 넘어지다.

● 보기 ●

① 찧고 ② 찌코 ③ 찧코 ④ 찢고

02 엄마가 나를 ______ 키우셨다.

● 보기 ●

① 나코 ② 낳고 ③ 낳코 ④ 낫고

03 머리를 ______ 마라.

● 보기 ●

① 땋지 ② 땋이 ③ 따치 ④ 땋치

04 탑을 ______ 하다.

● 보기 ●

① 쌓개 ② 싸케 ③ 쌓케 ④ 쌓게

05 책을 가방에 ______ 마라.

● 보기 ●

① 넣이 ② 너치 ③ 넣지 ④ 넣치

06 책을 아무 데나 ______ 마라.

● 보기 ●

① 놓지 ② 노치 ③ 놓치 ④ 놓이

07 나는 네가 ______ .

● 보기 ●

① 조타 ② 좋다 ③ 좋타 ④ 좋다

08 탑을 ______ .

● 보기 ●

① 쌓타 ② 쌌다 ③ 싸타 ④ 쌓다

09 쌀가루를 ______ .

● 보기 ●

① 빻다 ② 빠타 ③ 빻타 ④ 빴다

10 기분 ______ 소풍을 떠났다.

● 보기 ●

① 좋게 ② 좋케 ③ 조케 ④ 좋개

〈보기〉에서 빈칸에 알맞은 단어를 찾아 쓰세요.

● 보기 ●

좋게, 넣고, 놓고, 찧지, 낳다, 빻고, 땋다, 놓지, 쌓기

1. 기분 [ ] 소풍을 갔다.

2. 쌍둥이를 [ ].

3. 엄마는 깨를 직접 [ ] 있다.

4. 망치질을 할 때 손을 [ ] 않도록 조심해라.

5. 바닷가에서 모래성 [ ] 대회가 열렸다.

6. 엄마 손을 [ ] 말고 꼭 잡아라.

7. 숙제를 집에 [ ] 왔다.

8. 고기를 [ ] 미역국을 끓이다.

9. 머리를 두 갈래로 [ ].

앞글자 받침 'ㅎ'과 뒷글자 'ㄱ' 'ㄷ' 'ㅈ'에 ○를 치면서 단어를 읽으세요. 그다음, 단어를 가림판으로 가리고 기억하여 쓴 후, 맞게 썼는지 확인해 봅시다. 그리고 단어를 세 번 더 반복해서 써 봅시다.

앞글자 받침 'ㅎ'과 뒷글자 'ㄱ, ㄷ, ㅈ'에 ○를 치면서 읽기	기억하여 쓰기	반복 쓰기	반복 쓰기	반복 쓰기
좋고				
놓게				
빻지				
낳다				
찧고				
넣게				
땋지				
쌓다				
좋게				
놓지				
빻다				
낳지				
찧게				
넣고				
쌓지				
땋게				

다음 단어의 어간(변하지 않는 글자)에 ○를 치면서 단어를 읽어 보세요.

좋다	좋고	좋게	좋지
쌓다	쌓고	쌓게	쌓지
찧다	찧고	찧게	찧지
넣다	넣고	넣게	넣지
놓다	놓고	놓게	놓지
낳다	낳고	낳게	낳지
빻다	빻고	빻게	빻지
땋다	땋고	땋게	땋지

다음 단어의 어미에 ○를 치면서 단어를 읽어 보세요.

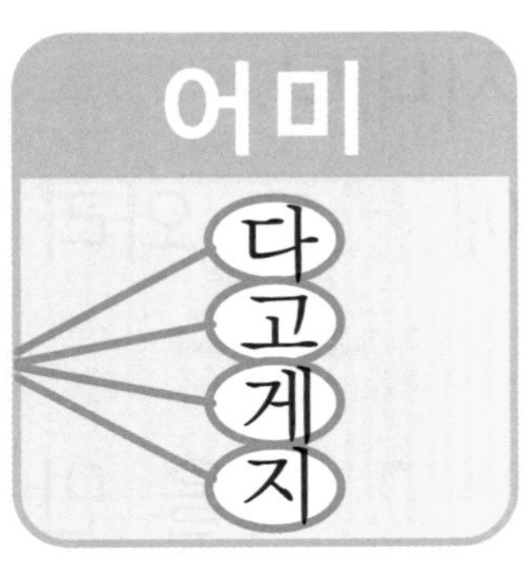

좋다	좋고	좋게	좋지
쌓다	쌓고	쌓게	쌓지
찧다	찧고	찧게	찧지
넣다	넣고	넣게	넣지
놓다	놓고	놓게	놓지
낳다	낳고	낳게	낳지
빻다	빻고	빻게	빻지
땋다	땋고	땋게	땋지

다음 문장들의 단어에 알맞은 받침을 적어 넣어 봅시다.

1. 사이조게 지내다.
2. 책을 가방에 너고 와라.
3. 탑을 싸다.
4. 쌀가루를 빠고 떡을 만들다.
5. 머리를 따고 묶다.
6. 아기를 나게 되다.
7. 쌀을 빠지 않았다.
8. 책상 위에 노고 와라.
9. 사과도 조고, 딸기도 조다.
10. 방앗간에 쌀을 빠게 맡겼다.
11. 책을 아무 데다 노지 마라.
12. 책을 가방에 너다.
13. 친구가 머리를 따게 두었다.
14. 무릎을 찌고 넘어지다.
15. 책을 가방에 너게 하다.
16. 책을 가방에 너지 마라.
17. 탑을 싸게 하다.
18. 무릎을 찌지 않도록 조심해라.

이전 활동에서 완성한 단어들을 같은 어미를 가진 단어끼리 단어 카드(✂ 〈부록 8쪽〉)를 사용하여 붙여 봅시다. 그다음, 어미별로 소리 내어 읽어 봅시다.

	받침 'ㅎ'				
+ ㄱ (-고)					
+ ㄱ (-게)					
+ ㅈ (-지)					
+ ㄷ (-다)					

"선생님이 불러 주는 단어를 받아 적는 문제입니다. 잘 듣고, 답안지에 단어를 받아 적어 보세요."

(정답지 p. 226에 평가 문항 제시)

번호	단어
1	
2	
3	
4	
5	
6	
7	
8	

비음화 법칙

1. 앞글자의 받침이 'ㄷ, ㅅ, ㅈ, ㅊ, ㅌ, ㅎ'이고 뒷글자가 'ㄴ'으로 시작되면, [은] 소리가 나는 앞글자의 'ㄷ, ㅅ, ㅈ, ㅊ, ㅌ, ㅎ' 받침이 콧소리 [은]으로 발음된다.
   예) 웃 + 는 + 다 → [운는다]　　　　쌓 + 니 → [싼니]
2. 앞글자의 받침이 'ㅂ, ㅍ'이고 뒷글자가 'ㄴ'으로 시작되면, [읍] 소리가 나는 앞글자의 'ㅂ, ㅍ' 받침이 콧소리 '[음]'으로 발음된다.
   예) 덮 + 는 + 다 → [덤는다]　　　　집 + 니 → [짐니]
3. 앞글자의 받침이 'ㄱ, ㄲ'이고 뒷글자가 'ㄴ'으로 시작되면, [윽] 소리가 나는 앞글자의 'ㄱ, ㄲ' 받침이 콧소리 '[응]'으로 발음된다.
   예) 닦 + 는 + 다 → [당는다]　　　　식 + 는 + 다 → [싱는다]

음운 변동이 적용되는 단어의 단어인지 및 철자 교수법

음운 변동이 적용되는 단어의 단어인지 및 철자 교수법은 1) 표기처리 중심 철자 교수법과 2) 형태처리 중심 철자 교수법이 결합된 형태의 교수법으로 실시하는 것이 효과적이다.

표기처리 중심 철자 교수법

표기처리 중심 철자 교수법은 <u>단어의 발음뿐 아니라 단어의 시각적인 형태</u>에도 초점을 맞추어 가르치는 교수법이다. 한글의 경우에는 <u>음운 변동 규칙</u>을 가르침으로써, 단어의 시각적인 형태에 초점을 맞추도록 가르친다. 각 음운 변동별로 단어들을 묶어서 해당 음운 변동 규칙을 명시적으로 가르치고(예, 비음화 법칙이 적용되는 단어: 국물, 웃는다, 덮는, 닦는다), 같은 음운 변동이 적용되는 단어들끼리 분류하는 활동(word sorting; 예, 국물, 웃는다, 덮는, 닦는다 – 비음화 vs. 쌓고, 시작하다, 내놓다 – 축약) 등을 실시하는 것이 필요하다.

형태처리 중심 철자 교수법

형태처리 중심 철자 교수법은 단어의 형태적 구조(morphological structure)를 명시적으로 가르치는 교수법이다. 특히 한글의 경우에는 <u>용언의 기본형과 용언의 변형을 연결 지어 교수</u>하는 방법이 효과적인 것으로 밝혀졌다. 즉, 용언의 어간과 어미를 명시적으로 가르치고, 어미별로 단어를 분류하는 활동 등을 실시하는 것이 필요하다.

가리고 – 기억하여 쓰고 – 비교하기

가리고, 기억하여 쓰고, 비교하기(cover, copy, compare)는 자기 교정법에 속하는 활동이다. 학생에게 단어를 보여 준 다음, 단어를 가리고(cover), 약간의 시간(예, 약 3초)을 주어 학생이 단어를 기억하여 쓰도록 하고(copy), 그다음 다시 단어를 보여 주어 해당 단어와 자신의 답을 비교하여 답을 확인하게 한다(compare).

단어 분류하기

단어 분류하기는 단어를 구체적인 기준에 따라 구분하는 활동을 의미한다. 예를 들어, 같은 받침이 있는 단어들끼리 구분하거나, 같은 음운 변동 규칙이 적용되는 단어들끼리 구분하는 활동 등이 이에 해당한다.

4차시 홑받침 비음화 - 홑받침 + ‘ㄴ’ 시작 단어: 웃는다

학습목표

받침 ‘ㅅ, ㅈ, ㅌ, ㄷ, ㅊ, ㅎ, ㅂ, ㅍ, ㄱ, ㄲ’ + ‘ㄴ’ 시작 단어(비음화 법칙이 적용되는 단어)를 정확하게 읽고 쓸 수 있다.

사전평가

“선생님이 불러 주는 단어를 받아 적는 문제입니다. 잘 듣고, 답안지에 단어를 받아 적어 보세요.”

(정답지 p. 226에 평가 문항 제시)

번호	단어
1	
2	
3	
4	
5	
6	
7	
8	

수업

다음 네모 안의 글자들을 읽어 봅시다. 1)과 2)의 발음이 어떻게 다른지 비교해 봅시다.

1) 웃 는 다

2) 웃는다

음운 변동 규칙 소개하기: 비음화 법칙 1

앞글자의 받침이 'ㄷ, ㅅ, ㅈ, ㅊ, ㅌ, ㅎ'이고 뒷글자가 'ㄴ'으로 시작되면, [은] 소리가 나는 앞글자의 'ㄷ, ㅅ, ㅈ, ㅊ, ㅌ, ㅎ' 받침이 콧소리 [은]으로 발음된다.

웃는다  운는다

앞글자 받침 'ㄷ, ㅅ, ㅈ, ㅊ, ㅌ, ㅎ'과 뒷글자 'ㄴ'에 ○를 치며 읽어 보세요.

웃는다 → 운는다

긋는다	긋는	긋니	긋는데
놓는다	놓는	놓니	놓는데
쫓는다	쫓는	쫓니	쫓는데
닿는다	닿는	닿니	닿는데
찢는다	찢는	찢니	찢는데
맡는다	맡는	맡니	맡는데
것는다	것는	것니	것는데
믿는다	믿는	믿니	믿는데
뱉는다	뱉는	뱉니	뱉는데
솟는다	솟는	솟니	솟는데
내쫓는다	내쫓는	내쫓니	내쫓는데
붙는다	붙는	붙니	붙는데
잊는다	잊는	잊니	잊는데
젓는다	젓는	젓니	젓는데
뜯는다	뜯는	뜯니	뜯는데

다음 네모 안의 글자들을 읽어 봅시다. 1)과 2)의 발음이 어떻게 다른지 비교해 봅시다.

1) | 덮 | 는 | 다 |

2) | 덮는다 |

음운 변동 규칙 소개하기: 비음화 법칙 2

앞글자의 받침이 'ㅂ, ㅍ'이고 뒷글자가 'ㄴ'으로 시작되면, [읍] 소리가 나는 앞글자의 'ㅂ, ㅍ' 받침이 콧소리 [음]으로 발음된다.

덮는다  덤는다

앞글자 받침 'ㅂ, ㅍ'과 뒷글자 'ㄴ'에 ○를 치며 읽어 보세요.

덮는다 → 덤는다

갚는다	갚는	갚니	갚는데
덮는다	덮는	덮니	덮는데
돕는다	돕는	돕니	돕는데
뽑는다	뽑는	뽑니	뽑는데
짚는다	짚는	짚니	짚는데
엎는다	엎는	엎니	엎는데
줍는다	줍는	줍니	줍는데

다음 네모 안의 글자들을 읽어 봅시다. 1)과 2)의 발음이 어떻게 다른지 비교해 봅시다.

1) 엮 | 는 | 다

2) 엮는다

음운 변동 규칙 소개하기: 비음화 법칙 3

앞글자의 받침이 'ㄱ, ㄲ'이고 뒷글자가 'ㄴ'으로 시작되면, [윽] 소리가 나는 앞글자의 'ㄱ, ㄲ' 받침이 콧소리 [응]으로 발음된다.

엮는다  영는다

앞글자 받침 'ㄱ, ㄲ'과 뒷글자 'ㄴ'에 ○를 치며 읽어 보세요.

엮는다 → 영는다

깎는다	깎는	깎니	깎는데
낚는다	낚는	낚니	낚는데
닦는다	닦는	닦니	닦는데
묶는다	묶는	묶니	묶는데
볶는다	볶는	볶니	볶는데
엮는다	엮는	엮니	엮는데
겪는다	겪는	겪니	겪는데
식는다	식는	식니	식는데
익는다	익는	익니	익는데

〈보기〉에서 빈칸에 알맞은 단어를 골라 적으세요.

01 신기하게도 사막에서 샘물이 [　　　　] .

● 보기 ●

① 솓는다　② 솟는다　③ 솠는다　④ 솣는다

02 추석에 온 가족이 송편을 [　　　　] .

● 보기 ●

① 빗는다　② 빈는다　③ 빚는다　④ 빛는다

03 노는 형이 바닥에 침을 [　　　　] .

● 보기 ●

① 밴는다　② 밷는다　③ 뱄는다　④ 뱉는다

04 까치가 목숨 바쳐 은혜를 [　　　　] .

● 보기 ●

① 갚는다　② 갑는다　③ 감는다　④ 갔는다

05 새끼줄로 여러 마리의 굴비를 [　　　　] .

● 보기 ●

① 엮는다　② 영는다　③ 역는다　④ 엿는다

06 식탁 위에 그릇을 올려 [ ].

● 보기 ●

① 놓는다 ② 논는다 ③ 노는다 ④ 농는다

07 가랑비에 옷이 [ ]?

● 보기 ●

① 전니 ② 젖니 ③ 젔니 ④ 젖니

08 너는 내 말을 [ ]?

● 보기 ●

① 밋니 ② 밑니 ③ 믿니 ④ 민니

09 다리를 다쳐서 목발을 [ ]?

● 보기 ●

① 짚니 ② 짐니 ③ 집니 ④ 짔니

10 이번 주말에 물고기를 [ ]?

● 보기 ●

① 낭니 ② 낪니 ③ 낙니 ④ 낚니

〈보기〉에서 빈칸에 알맞은 단어를 찾아 쓰세요.

● 보기 ●

뽑는데, 닿는, 닦는다, 맡는다, 겪는다,
덮는다, 잊는데, 익는, 젓는다, 쫓는

1. 유리창을 깨끗이 [　　　　].
2. 추워서 이불을 [　　　　].
3. 코가 막혀서 냄새를 잘 못 [　　　　].
4. 가을은 과일이 [　　　　] 계절이다.
5. 싫다는 표시로 고개를 [　　　　].
6. 비가 오지 않아 가뭄을 [　　　　].
7. 공원에는 연을 [　　　　] 아이들이 많았다.
8. 나쁜 기억을 [　　　　] 시간이 오래 걸렸다.
9. 책을 손이 [　　　　] 곳에 두었다.
10. 썩은 이빨을 [　　　　] 너무 아팠다.

4 차시

보기

솟는다, 식는데, 놓는다, 낚는, 뱉는, 뽑는데, 갚는다, 엮는다, 젖는, 믿는

1. 물길이 [ ].

2. 잡고 있던 손을 [ ].

3. 고기를 [ ] 어부가 되고 싶다.

4. 저기 침을 [ ] 사람이 누구니?

5. 도와준 사람에게 은혜를 [ ].

6. 목걸이를 만들려고 여러 색깔의 실을 [ ].

7. 가랑비에 옷이 [ ] 아이들이 많았다.

8. [ ] 도끼에 발등 찍힌다.

9. 흰머리를 [ ] 너무 아팠다.

10. 국이 [ ] 빨리 식사하세요!

앞글자 받침과 뒷글자 'ㄴ'에 ○를 치면서 단어를 읽으세요. 그다음, 단어를 가림판으로 가리고 기억하여 쓴 후, 맞게 썼는지 확인해 봅시다. 그리고 단어를 세 번 더 반복해서 써 봅시다.

앞글자 받침과 뒷글자 'ㄴ'에 ○를 치면서 읽기	기억하여 쓰기	반복 쓰기	반복 쓰기	반복 쓰기
뽑는데				
닿는				
닦는다				
맡는다				
겪는다				
돕는다				
덮는다				
잊는데				
걷는다				
쫓는				

앞글자 받침과 뒷글자 'ㄴ'에 ○를 치면서 읽기	기억하여 쓰기	반복 쓰기	반복 쓰기	반복 쓰기
솟는다				
식는데				
놓는다				
낚는				
뱉는				
뽑는데				
갚는다				
엮는다				
젖는				
믿는				

다음 단어의 어간(변하지 않는 글자)에 ○를 치면서 단어를 읽어 보세요.

어간	어미
웃	는다 / 니 / 는데 / 는

겪는다	겪니	겪는데	겪는
놓는다	놓니	놓는데	놓는
낚는다	낚니	낚는데	낚는
닿는다	닿니	닿는데	닿는
덮는다	덮니	덮는데	덮는
돕는다	돕니	돕는데	돕는
맡는다	맡니	맡는데	맡는
믿는다	믿니	믿는데	믿는
뱉는다	뱉니	뱉는데	뱉는
뽑는다	뽑니	뽑는데	뽑는
솟는다	솟니	솟는데	솟는
쫓는다	쫓니	쫓는데	쫓는
익는다	익니	익는데	익는
잊는다	잊니	잊는데	잊는
젓는다	젓니	젓는데	젓는
식는다	식니	식는데	식는
갚는다	갚니	갚는데	갚는
엮는다	엮니	엮는데	엮는

다음 단어의 어미에 ○를 치면서 단어를 읽어 보세요.

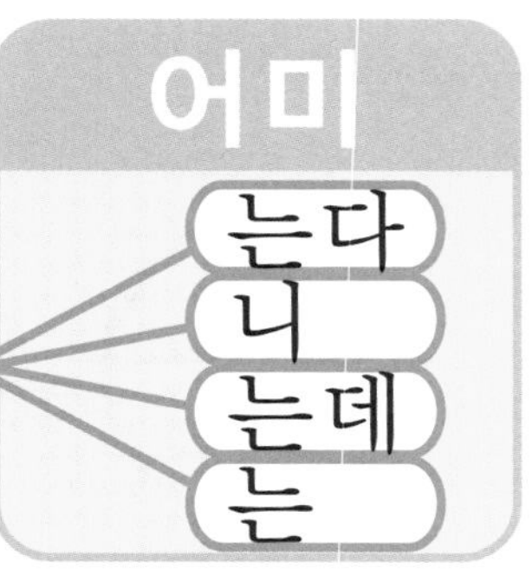

겪는다	겪니	겪는데	겪는
놓는다	놓니	놓는데	놓는
낚는다	낚니	낚는데	낚는
닿는다	닿니	닿는데	닿는
덮는다	덮니	덮는데	덮는
돕는다	돕니	돕는데	돕는
맡는다	맡니	맡는데	맡는
믿는다	믿니	믿는데	믿는
뱉는다	뱉니	뱉는데	뱉는
뽑는다	뽑니	뽑는데	뽑는
솟는다	솟니	솟는데	솟는
쫓는다	쫓니	쫓는데	쫓는
익는다	익니	익는데	익는
잊는다	잊니	잊는데	잊는
젓는다	젓니	젓는데	젓는
식는다	식니	식는데	식는
갚는다	갚니	갚는데	갚는
엮는다	엮니	엮는데	엮는

다음 문장들의 단어에 알맞은 받침을 적어 넣어 봅시다.

1. 은혜를 원수로 가니?
2. 물고기를 나니?
3. 샘물이 소니?
4. 내가 널 어떻게 이니?
5. 꽃냄새를 마는다.
6. 고양이를 쪼는다.
7. 노를 저는다.
8. 풀을 뽀는다.
9. 구두를 다는 아저씨
10. 어려운 사람을 도는 목사님
11. 손에 다는 흙의 부드러움
12. 가뭄으로 어려움을 겨는다.
13. 책을 책상 위에 노는다.
14. 나는 그의 말을 미는다.
15. 왜 침을 배니?
16. 커피가 시는데 어서 마셔요.
17. 비에 옷이 저는데 빨리 들어가세요.
18. 고기가 이는 냄새가 좋다.
19. 지붕을 기와로 더는데 시간이 오래 걸린다.

이전 활동에서 완성한 단어들을 같은 받침과 같은 어미를 가진 단어끼리 단어 카드(✄ 〈부록 9쪽〉)를 사용하여 붙여 봅시다. 그다음, 받침별로 소리 내어 읽어 봅시다.

	-는다	-니	-는	-는데
받침 'ㄱ'				
받침 'ㄲ'				
받침 'ㄷ'				
받침 'ㅂ'				
받침 'ㅅ'				
받침 'ㅈ'				
받침 'ㅊ'				
받침 'ㅌ'				
받침 'ㅍ'				
받침 'ㅎ'				

"선생님이 불러 주는 단어를 받아 적는 문제입니다. 잘 듣고, 답안지에 단어를 받아 적어 보세요."

(정답지 p. 227에 평가 문항 제시)

번호	단어
1	
2	
3	
4	
5	
6	
7	
8	

정답지

1. 대표음으로 발음되는 홑받침 단어

1차시 홑받침 ㄴ, ㄹ: 산, 물

사전평가(11쪽)

번호	단어(발음)	예	단어(발음)
1	얼굴(얼굴)	거울 속에 비친 얼굴이 곱다.	얼굴(얼굴)
2	펼치다(펼치다)	독수리가 날개를 펼치다.	펼치다(펼치다)
3	하늘(하늘)	해질 무렵 하늘에 노을이 지고 있다.	하늘(하늘)
4	편지(편지)	전학 간 친구에게 편지를 쓰다.	편지(편지)
5	단추(단추)	셔츠에 달린 단추가 떨어지다.	단추(단추)
6	잔다(잔다)	곰은 겨울 동안 겨울잠을 잔다.	잔다(잔다)
7	반지(반지)	엄마는 결혼반지를 끼고 계신다.	반지(반지)
8	바늘(바늘)	바느질을 하다 바늘에 찔리다.	바늘(바늘)

사후평가(33쪽)

번호	단어(발음)	예	단어(발음)
1	거울(거울)	거울 속에 비친 얼굴이 곱다.	거울(거울)
2	안개(안개)	안개가 자욱하게 끼어 있다.	안개(안개)
3	겨울(겨울)	곰은 겨울 동안 겨울잠을 잔다.	겨울(겨울)
4	말리다(말리다)	수건으로 머리를 말리다.	말리다(말리다)
5	수건(수건)	수건으로 물기를 닦다.	수건(수건)
6	친구(친구)	전학 간 친구에게 편지를 쓰다.	친구(친구)
7	날개(날개)	독수리 날개를 펼치다.	날개(날개)
8	찔리다(찔리다)	바느질을 하다 바늘에 찔리다.	찔리다(찔리다)

정답지

◆ 〈보기〉의 단어를 소리 내어 읽어 봅시다. 그다음, 각 문장에 알맞은 단어를 〈보기〉에서 찾아 써 봅시다. (30쪽)

1. 반지, 2. 단추, 3. 안개, 4. 떨어지다, 5. 수건, 6. 바늘, 7. 말리다, 8. 편지, 9. 찔리다

2차시 홑받침 ㅁ, ㅇ: 뱀, 콩

사전평가(34쪽)

번호	단어(발음)	예	단어(발음)
1	남매(남매)	오빠와 나는 사이좋은 남매 사이이다.	남매(남매)
2	왕자(왕자)	어젯밤 꿈에 멋진 왕자님이 나왔다.	왕자(왕자)
3	그림(그림)	동생과 함께 물감으로 그림을 그렸다.	그림(그림)
4	팽이(팽이)	친구와 놀이터에서 팽이를 돌렸다.	팽이(팽이)
5	김치(김치)	김치는 한국을 대표하는 음식이다.	김치(김치)
6	장미(장미)	장미는 예쁘지만, 가시가 많다.	장미(장미)
7	염소(염소)	아기 염소가 엄마를 찾는다.	염소(염소)
8	나방(나방)	나방은 나비와 비슷하게 생겼다.	나방(나방)

사후평가(56쪽)

번호	단어(발음)	예	단어(발음)
1	구름(구름)	가을 하늘이 구름 한 점 없이 파랗다.	구름(구름)
2	양파(양파)	나는 몸에 좋은 양파를 좋아한다.	양파(양파)
3	침대(침대)	나는 침대에서 굴러떨어졌다.	침대(침대)
4	종이(종이)	그림을 그리려면 종이가 필요하다.	종이(종이)
5	그림(그림)	동생과 함께 물감으로 그림을 그렸다.	그림(그림)
6	가방(가방)	가방에 준비물을 챙겨 넣었다.	가방(가방)
7	사슴(사슴)	숲속에서 뛰어다니는 사슴을 보았다.	사슴(사슴)
8	소금(소금)	국이 싱거워 소금을 넣었다.	소금(소금)

정답지

◆ 〈보기〉의 단어를 소리 내어 읽어 봅시다. 그다음, 각 문장에 알맞은 단어를 〈보기〉에서 찾아 써 봅시다. (53쪽)

1. 구름, 2. 그림, 3. 남매, 4. 팽이, 5. 사슴, 6. 소금, 7. 나방, 8. 가방, 9. 냄새, 10. 김치, 11. 가슴

3차시 홑받침 ㅅ, ㄷ: 웃다, 걷다

사전평가(58쪽)

번호	단어(발음)	예	단어(발음)
1	웃다(욷따)	활짝 웃다.	웃다(욷따)
2	걷다(걷따)	마음이 급해 빨리 걷다.	걷다(걷따)
3	믿다(믿따)	친구의 말을 믿다.	믿다(믿따)
4	젓다(젇따)	노를 젓다.	젓다(젇따)
5	낫다(낟따)	병이 낫다.	낫다(낟따)

6	뜯다(뜯따)	봉지를 뜯다.	뜯다(뜯따)
7	짓다(짇따)	집을 짓다.	짓다(짇따)
8	묻다(묻따)	아주머니께 길을 묻다.	묻다(묻따)

사후평가(77쪽)

번호	단어(발음)	예	단어(발음)
1	긋다(귿따)	줄을 긋다.	긋다(귿따)
2	빗다(빋따)	머리를 빗다.	빗다(빋따)
3	돋다(돋따)	새싹이 돋다.	돋다(돋따)
4	받다(받따)	선물을 받다.	받다(받따)
5	붓다(붇따)	물을 붓다.	붓다(붇따)
6	잇다(읻따)	끊어진 다리를 잇다.	잇다(읻따)
7	굳다(굳따)	찰흙이 딱딱하게 굳다.	굳다(굳따)
8	걷다(걷따)	마음이 급해 빨리 걷다.	걷다(걷따)

정답지

'ㅅ' 받침

◆ **다음 단어들에 알맞은 받침을 써 넣고, 문장을 소리 내어 읽어 본 후, 단어의 뜻을 알아봅시다.** (64쪽)
1. 웃다-기쁜 표정으로 기뻐하다. / 2. 낫다-병이나 상처가 없어지다. / 3. 솟다-세차게 위로 나오다. / 4. 짓다-만들다. / 5. 젓다-배가 가게 하기 위해 노를 움직이다. / 6. 긋다-줄을 치다. / 7. 붓다-물 등을 쏟다. / 8. 빗다-머리를 빗으로 가지런히 하다. / 9. 잇다-붙여서 하나로 만들다.

◆ **받침 'ㅅ'이 들어간 단어의 받침에 ○를 치면서 단어를 읽고, 알맞은 뜻을 연결시켜 봅시다.** (65쪽)
1. 낫다-병이나 상처가 없어지다. / 2. 솟다-세차게 위로 나오다. / 3. 웃다-기쁜 표정으로 기뻐하다. / 4. 짓다-만들다. / 5. 젓다-배가 가게 하기 위해 노를 움직이다. / 6. 긋다-줄을 치다. / 7. 붓다-물 등을 쏟다. / 8. 빗다-머리를 빗으로 가지런히 하다. / 9. 잇다-붙여서 하나로 만들다.

'ㄷ' 받침

◆ **다음 단어들에 알맞은 받침을 써 넣고, 문장을 소리 내어 읽어 본 후, 단어의 뜻을 알아봅시다.** (70쪽)
1. 걷다-발로 나아가다. / 2. 돋다-무언가가 생겨 나오다. / 3. 믿다-의심하지 않고 그렇다고 생각하다. / 4. 묻다-궁금한 것을 알려고 대답을 구하다. / 5. 뜯다-풀을 잡아 뽑다. / 6. 굳다-물렁물렁하던 것이 단단하게 되다. / 7. 받다-다른 사람이 주는 것을 가지다.

◆ **받침 'ㄷ'이 들어간 단어의 받침에 ○를 치면서 단어를 읽고, 알맞은 뜻을 연결시켜 봅시다.** (71쪽)
1. 돋다-무언가가 생겨 나오다. / 2. 믿다-의심하지 않고 그렇다고 생각하다. / 3. 묻다-궁금한 것을 알려고 대답을 구하다. / 4. 굳다-물렁물렁하던 것이 단단하게 되다. / 5. 뜯다-풀을 잡아 뽑다. / 6. 받다-다른 사람이 주는 것을 가지다. / 7. 걷다-발로 나아가다

◆ 〈보기〉에서 빈칸에 알맞은 단어를 골라 적으세요. (72쪽)
1. ①, 2. ①, 3. ②, 4. ①, 5. ③, 6. ③, 7. ③, 8. ①, 9. ②, 10. ③

◆ 다음 문장들의 단어에 받침 ㅅ, ㄷ 중 알맞은 받침을 적어 넣어 봅시다. (75쪽)
1. 솟다, 2. 빗다, 3. 걷다, 4. 긋다, 5. 믿다, 6. 웃다, 7. 낫다, 8. 묻다, 9. 붓다, 10. 뜯다, 11. 돋다, 12. 잇다, 13. 짓다, 14. 굳다, 15. 받다

4차시 홑받침 ㅂ, ㅍ: 좁다, 깊다

사전평가(79쪽)

번호	단어(발음)	예	단어(발음)
1	쉽다(쉽따)	내용이 쉽다.	쉽다(쉽따)
2	덮다(덥따)	이불을 덮다.	덮다(덥따)
3	깊다(깁따)	물이 깊다.	깊다(깁따)
4	갚다(갑따)	돈을 갚다.	갚다(갑따)
5	업다(업따)	아기를 업다.	업다(업따)
6	씹다(씹따)	풍선껌을 씹다.	씹다(씹따)
7	짚다(집따)	지팡이를 짚다.	짚다(집따)
8	집다(집따)	연필을 집다.	집다(집따)

사후평가(98쪽)

번호	단어(발음)	예	단어(발음)
1	갚다(갑따)	돈을 갚다.	갚다(갑따)
2	뽑다(뽑따)	흰머리를 뽑다.	뽑다(뽑따)
3	짚다(집따)	지팡이를 짚다.	짚다(집따)
4	좁다(좁따)	길이 좁다.	좁다(좁따)
5	싶다(십따)	먹고 싶다.	싶다(십따)
6	깁다(깁따)	옷을 깁다.	깁다(깁따)
7	줍다(줍따)	쓰레기를 줍다.	줍다(줍따)
8	쉽다(쉽따)	내용이 쉽다.	쉽다(쉽따)

정답지

'ㅂ' 받침

◆ 다음 단어들에 알맞은 받침을 써 넣고, 문장을 소리 내어 읽어 본 후, 단어의 뜻을 알아봅시다. (85쪽)
1. 좁다–공간이 넓지 않다. / 2. 쉽다–힘들지 않다. / 3. 깁다–구멍이 난 곳을 꿰메다. / 4. 씹다–무엇을 입에 넣고 자꾸 깨물다. / 5. 집다–손가락으로 물건을 잡아서 들다. / 6. 뽑다–어디에 박혀 있는 것을 잡아당기다. / 7. 줍다–바닥에 떨어진 것을 집어 들다. / 8. 업다–사람을 자기의 등 위에 올리다.

◆ 받침 'ㅂ'이 들어간 단어의 받침에 ○를 치면서 단어를 읽고, 알맞은 뜻을 연결시켜 봅시다. (86쪽)
1. 업다–사람을 자기의 등 위에 올리다. / 2. 집다–손가락으로 물건을 잡아서 들다. / 3. 깁다–구멍이 난 곳을 꿰매다. / 4. 씹다–무엇을 입에 넣고 자꾸 깨물다. / 5. 뽑다–어디에 박혀 있는 것을 잡아당기다. / 6. 쉽다–힘들지 않다. / 7. 줍다–바닥에 떨어진 것을 집어 들다. / 8. 좁다–공간이 넓지 않다.

'ㅍ' 받침

◆ 다음 단어들에 알맞은 받침을 써 넣고, 문장을 소리 내어 읽어 본 후, 단어의 뜻을 알아봅시다. (91쪽)
1. 덮다–가려 안 보이게 하다. / 2. 갚다–남에게 빌린 것을 도로 돌려주다. / 3. 싶다–무언가를 원하다. / 4. 엎다–아래위가 거꾸로 되도록 뒤집다. / 5. 깊다–위에서 아래까지의 사이가 멀다. / 6. 짚다–지팡이나 손을 바닥에 대고 몸을 기대다.

◆ 받침 'ㅍ'이 들어간 단어의 받침에 ○를 치면서 단어를 읽고, 알맞은 뜻을 연결시켜 봅시다. (92쪽)
1. 깊다–위에서 아래까지의 사이가 멀다. / 2. 갚다–남에게 빌린 것을 돌려주다. / 3. 덮다–가려 안 보이게 하다. / 4. 싶다–무언가를 원하다. / 5. 짚다–지팡이나 손을 바닥에 대고 몸을 기대다. / 6. 갈아엎다–아래위가 거꾸로 되도록 뒤집다.

◆ 〈보기〉에서 빈칸에 알맞은 단어를 골라 적으세요. (93~94쪽)
1. ②, 2. ①, 3. ②, 4. ②, 5. ②, 6. ②, 7. ②

◆ 다음 문장들의 단어에 받침 ㅂ, ㅍ 중 알맞은 받침을 적어 넣어 봅시다. (96쪽)
1. 쉽다, 2. 집다, 3. 덮다, 4. 뽑다, 5. 짚다, 6. 좁다, 7. 싶다, 8. 깊다, 9. 갚다, 10. 깁다, 11. 갈아엎다, 12. 씹다, 13. 업다, 14. 줍다

5차시 홑받침 ㄱ, ㄲ: 먹다, 묶다

사전평가(100쪽)

번호	단어(발음)	예	단어(발음)
1	먹다(먹따)	밥을 먹다.	먹다(먹따)
2	막다(막따)	적을 막다.	막다(막따)
3	닦다(닥따)	책상을 닦다.	닦다(닥따)
4	묵다(묵따)	하루를 묵다.	묵다(묵따)
5	묶다(묵따)	신발끈을 묶다.	묶다(묵따)
6	엮다(역따)	구슬을 엮다.	엮다(역따)
7	겪다(격따)	고통을 겪다.	겪다(격따)
8	식다(식따)	커피가 식다.	식다(식따)

사후평가(119쪽)

번호	단어(발음)	예	단어(발음)
1	녹다(녹따)	얼음이 녹다.	녹다(녹따)
2	찍다(찍따)	사진을 찍다.	찍다(찍따)
3	볶다(복따)	깨를 볶다.	볶다(복따)
4	익다(익따)	감이 잘 익다.	익다(익따)
5	낚다(낙따)	물고기를 낚다.	낚다(낙따)
6	식다(식따)	커피가 식다.	식다(식따)
7	겪다(격따)	고통을 겪다.	겪다(격따)
8	먹다(먹따)	밥을 먹다.	먹다(먹따)

정답지

'ㄱ' 받침

◆ **다음 단어들에 알맞은 받침을 써 넣고, 문장을 소리 내어 읽어 본 후, 단어의 뜻을 알아봅시다.** (106쪽)
1. 먹다-음식을 입을 통해 배 속에 넣다. / 2. 막다-무언가를 못하게 하다. / 3. 녹다-얼음이 열을 받아 물이 되다. / 4. 찍다-사진 등을 박다. / 5. 묵다-어떤 곳에 잠시 머무르다. / 6. 익다-열매가 자라서 여물다. / 7. 식다-더운 기운이 없어지다.

◆ **받침 'ㄱ'이 들어간 단어의 받침에 ○를 치면서 단어를 읽고, 알맞은 뜻을 연결시켜 봅시다.** (107쪽)
1. 막다-무언가를 못하게 하다. / 2. 익다-열매가 자라서 여물다. / 3. 묵다-어떤 곳에 잠시 머무르다. / 4. 먹다-음식을 입을 통해 배 속에 넣다. / 5. 찍다-사진기로 그대로 옮기다. / 6. 식다-더운 기운이 없어지다. / 7. 녹다-얼음이 열을 받아 물이 되다.

'ㄲ' 받침

◆ **다음 단어들에 알맞은 받침을 써 넣고, 문장을 소리 내어 읽어 본 후, 단어의 뜻을 알아봅시다.** (112쪽)
1. 겪다-어려운 일을 당하다. / 2. 볶다-음식을 냄비에 담아 익히다. / 3. 닦다-문질러서 깨끗이 하다. / 4. 엮다-끈으로 묶어서 무언가를 만들다. / 5. 낚다-낚시로 물고기를 잡다. / 6. 묶다-끈으로 잡아매다.

◆ **받침 'ㄲ'이 들어간 단어의 받침에 ○를 치면서 단어를 읽고, 알맞은 뜻을 연결시켜 봅시다.** (113쪽)
1. 묶다-끈으로 잡아매다. / 2. 겪다-어려운 일을 당하다. / 3. 볶다-음식을 냄비에 담아 익히다. / 4. 엮다-끈으로 묶어서 무언가를 만들다. / 5. 닦다-문질러서 깨끗이 하다. / 6. 낚다-낚시로 물고기를 잡다.

◆ **〈보기〉에서 빈칸에 알맞은 단어를 골라 적으세요.** (114~115쪽)
1. ①, 2. ②, 3. ②, 4. ①, 5. ①, 6. ①, 7. ③

◆ **다음 문장들의 단어에 받침 ㄱ, ㄲ 중 알맞은 받침을 적어 넣어 봅시다.** (117쪽)
1. 겪다, 2. 먹다, 3. 녹다, 4. 막다, 5. 찍다, 6. 닦다, 7. 볶다, 8. 묵다, 9. 익다, 10. 묶다, 11. 식다, 12. 엮다, 13. 낚다

6차시 홑받침 ㅈ, ㅌ, ㅊ: 젖다, 같다, 쫓다

사전평가(121쪽)

번호	단어(발음)	예	단어(발음)
1	잊다(읻따)	약속을 잊다.	잊다(읻따)
2	젖다(젇따)	몸이 젖다.	젖다(젇따)
3	낯설다(낟썰다)	새 친구들이 낯설다.	낯설다(낟썰다)
4	뱉다(밷따)	침을 뱉다.	뱉다(밷따)
5	쫓다(쫃따)	고양이가 쥐를 쫓다.	쫓다(쫃따)
6	얕보다(얃뽀다)	상대를 얕보다.	얕보다(얃뽀다)
7	늦다(늗따)	학교에 늦다.	늦다(늗따)
8	낮다(낟따)	의자가 낮다.	낮다(낟따)

사후평가(145쪽)

번호	단어(발음)	예	단어(발음)
1	맞다(맏따)	답이 맞다.	맞다(맏따)
2	내쫓다(내쫃따)	왕비가 백설공주를 내쫓다.	내쫓다(내쫃따)
3	찢다(찓따)	종이를 찢다.	찢다(찓따)
4	빚다(빋따)	고무찰흙을 빚다.	빚다(빋따)
5	맡다(맏따)	냄새를 맡다.	맡다(맏따)
6	같다(갇따)	이름이 같다.	같다(갇따)
7	갖다(갇따)	고마운 마음을 갖다.	갖다(갇따)
8	붙다(붇따)	밥풀이 붙다.	붙다(붇따)

정답지

'ㅈ' 받침

◆ **다음 단어들에 알맞은 받침을 써 넣고, 문장을 소리 내어 읽어 본 후, 단어의 뜻을 알아봅시다.** (127쪽)
1. 찢다－물건을 잡아당겨서 갈라지게 하다. / 2. 늦다－정해진 시간보다 지나다. / 3. 빚다－흙으로 뭔가를 만들다. / 4. 갖다－가지다. / 5. 맞다－틀림없다. / 6. 꽂다－빠지지 않게 꼭 끼우다. / 7. 낮다－아래에서 위까지의 높이가 보통에 미치지 못하다. / 8. 잊다－기억하지 못하다. / 9. 젖다－축축하게 되다.

◆ **받침 'ㅈ'이 들어간 단어의 받침에 ○를 치면서 단어를 읽고, 알맞은 뜻을 연결시켜 봅시다.** (128쪽)
1. 젖다－축축하게 되다. / 2. 늦다－정해진 시간보다 지나다. / 3. 잊다－기억하지 못하다. / 4. 낮다－아래에서 위까지 길이가 짧다. / 5. 빚다－흙으로 뭔가를 만들다. / 6. 맞다－틀림없다. / 7. 찢다－물건을 잡아당겨서 갈라지게 하다. / 8. 꽂다－빠지지 않게 꼭 끼우다. / 9. 갖다－가지다.

'ㅌ' 받침

◆ **다음 단어들에 알맞은 받침을 써 넣고, 문장을 소리 내어 읽어 본 후, 단어의 뜻을 알아봅시다.** (133쪽)
1. 같다–서로 다르지 않다. / 2. 얕보다–남을 깔보다. 남을 낮추어 보다. / 3. 붙다–붙어서 떨어지지 않다. / 4. 맡다–냄새를 코로 느끼다. / 5. 뱉다–입 안에 든 것을 입 밖으로 내보내다. / 6. 얕다–밑에서 위까지의 길이가 짧다.

◆ **받침 'ㅌ'이 들어간 단어의 받침에 ○를 치면서 단어를 읽고, 알맞은 뜻을 연결시켜 봅시다.** (134쪽)
1. 같다–서로 다르지 않다. / 2. 맡다–냄새를 코로 느끼다. / 3. 뱉다–입 안에 든 것을 입 밖으로 내보내다. / 4. 얕보다–남을 깔보다. 남을 낮추어 보다. / 5. 붙다–붙어서 떨어지지 않다.

'ㅊ' 받침

◆ **다음 단어들에 알맞은 받침을 써 넣고, 문장을 소리 내어 읽어 본 후, 단어의 뜻을 알아봅시다.** (138쪽)
1. 낯설다–서로 알지 못하여 어색하다. / 2. 쫓다–뒤에서 따라가다. / 3. 내쫓다–억지로 내보내다. / 4. 빛나다–빛이 환하게 비치다.

◆ **받침 'ㅊ'이 들어간 단어의 받침에 ○를 치면서 단어를 읽고, 알맞은 뜻을 연결시켜 봅시다.** (139쪽)
1. 쫓다–뒤에서 따라가다. / 2. 낯설다–서로 알지 못하여 어색하다. / 3. 내쫓다–억지로 내보내다. / 4. 빛나다–빛이 환하게 비치다.

◆ **〈보기〉에서 빈칸에 알맞은 단어를 골라 적으세요.** (140~141쪽)
1. ③, 2. ①, 3. ①, 4. ②, 5. ①, 6. ①, 7. ②

◆ **다음 문장들의 단어에 받침 ㅈ, ㅌ, ㅊ 중 알맞은 받침을 적어 넣어 봅시다.** (143쪽)
1. 잊다, 2. 낯설다, 3. 늦다, 4. 젖다, 5. 얕보다, 6. 쫓다, 7. 찢다, 8. 뱉다, 9. 낮다, 10. 맞다, 11. 빗다, 12. 맡다, 13. 갖다, 14. 같다, 15. 꽂다, 16. 붙다

2. 음운 변동이 적용되는 홑받침 단어

1차시 홑받침 연음 – 홑받침 + 'ㅇ' 시작 단어: 웃음

사전평가(149쪽)

번호	단어(발음)	예	단어(발음)
1	뜯음(뜨듬)	풀을 뜯음.	뜯음(뜨듬)
2	낮음(나즘)	의자가 낮음.	낮음(나즘)
3	덮음(더픔)	이불을 덮음.	덮음(더픔)
4	맞았다(마잗따)	답이 맞았다.	맞았다(마잗따)
5	솟음(소슴)	샘물이 솟음.	솟음(소슴)
6	맡았다(마탇따)	냄새를 맡았다.	맡았다(마탇따)

7	웃었다(우섣따)	누나가 웃었다.	웃었다(우섣따)
8	찢어서(찌저서)	종이를 찢어서 뿌리다.	찢어서(찌저서)

사후평가(166쪽)

번호	단어(발음)	예	단어(발음)
1	짚음(지픔)	지팡이를 짚음	짚음(지픔)
2	받음(바듬)	생일 선물을 받음	받음(바듬)
3	젖었다(저젇따)	옷이 젖었다.	젖었다(저젇따)
4	깊었다(기펃따)	강물이 깊었다.	깊었다(기펃따)
5	싶었다(시펃따)	먹고 싶었다.	싶었다(시펃따)
6	갚음(가픔)	돈을 갚음.	갚음(가픔)
7	맞았다(마잗따)	답이 맞았다	맞았다(마잗따)
8	내쫓음(내쪼츰)	고양이가 쥐를 내쫓음	내쫓음(내쪼츰)

정답지

◆ 〈보기〉에서 빈칸에 알맞은 단어를 골라 적으세요. (153~155쪽)

1. ①, 2. ①, 3. ①, 4. ①, 5. ②, 6. ①, 7. ①, 8. ②, 9. ③, 10. ④, 11. ①, 12. ④, 13. ①, 14. ①, 15. ②

◆ 〈보기〉에서 빈칸에 알맞은 단어를 찾아 쓰세요. (156~157쪽)

1. 꼽았다, 2. 짚음, 3. 찢어서, 4. 맡았다, 5. 뻗어서, 6. 받았다, 7. 닦음, 8. 좇아서 9. 불었다, 10. 뺏어서

1. 붙었다, 2. 묶음, 3. 잊었다, 4. 죽음, 5. 품었다, 6. 솟음, 7. 안았다, 8. 집음, 9. 덮어서, 10. 맞았다

◆ 다음 문장들의 단어에 알맞은 받침을 적어 넣어 봅시다. (164쪽)

1. 닦아서, 2. 꼽았다, 3. 안음, 4. 솟았다, 5. 찢어서, 6. 받아서, 7. 품었다, 8. 짚음, 9. 집음, 10. 죽음, 11. 묶음, 12. 좇았다, 13. 잊었다, 14. 뺏음, 15. 맡았다, 16. 붙었다, 17. 불었다, 18. 뻗음, 19. 맞음

2차시 홑받침 ㅎ 탈락 – 홑받침 ㅎ + ‘ㅇ’ 시작 단어: 좋아

사전평가(168쪽)

번호	단어(발음)	예	단어(발음)
1	좋았다(조앋따)	친구가 좋았다.	좋았다(조앋따)
2	쌓았다(싸앋따)	탑을 쌓았다.	쌓았다(싸앋따)
3	찧었다(찌얻따)	무릎을 찧었다.	찧었다(찌얻따)
4	넣어(너어)	가방에 책을 넣어 두어라.	넣어(너어)
5	땋아(따아)	머리를 땋아 내리다.	땋아(따아)
6	쌓이다(싸이다)	눈이 쌓이다.	쌓이다(싸이다)
7	쌓아(싸아)	탑을 쌓아 올리다.	쌓아(싸아)

8	빻았다(빠앋따)	쌀가루를 빻았다.	빻았다(빠앋따)

사후평가(179쪽)

번호	단어(발음)	예	단어(발음)
1	좋아(조아)	네가 좋아.	좋아(조아)
2	찧어(찌어)	무릎을 찧어 아프다.	찧어(찌어)
3	넣었다(너얻따)	책을 가방에 넣었다.	넣었다(너얻따)
4	빻아(빠아)	쌀가루를 빻아 떡을 만들다.	빻아(빠아)
5	낳아(나아)	엄마가 나를 낳아 주셨다.	낳아(나아)
6	놓았다(노앋따)	책을 책상 위에 놓았다.	놓았다(노앋따)
7	넣어(너어)	가방에 책을 넣어 두어라.	넣어(너어)
8	땋았다(따앋따)	머리를 땋았다.	땋았다(따앋따)

정답지

◆ 〈보기〉에서 빈칸에 알맞은 단어를 골라 적으세요. (171~172쪽)
1. ①, 2. ②, 3. ③, 4. ②, 5. ①, 6. ①, 7. ②, 8. ③, 9. ②, 10. ①

◆ 〈보기〉에서 빈칸에 알맞은 단어를 찾아 쓰세요. (173쪽)
1. 낳았다, 2. 좋은, 3. 낳아, 4. 빻았다, 5. 쌓아, 6. 넣었다, 7. 찧어, 8. 놓을, 9. 놓아, 10. 땋았다

◆ 다음 문장들의 단어에 알맞은 받침을 적어 넣어 봅시다. (177쪽)
1. 놓은, 2. 쌓은, 3. 좋은, 4. 빻아, 5. 땋은, 6. 빻은, 7. 넣었다, 8. 찧었다, 9. 넣어, 10. 쌓았다, 11. 낳았다, 12. 쌓아, 13. 찧어, 14. 빻았다, 15. 놓았다, 16. 낳아, 17. 좋았다, 18. 땋아

3차시 홑받침 축약 – 홑받침 ㅎ + 'ㄱ, ㄷ, ㅈ' 시작 단어: 좋고

사전평가(181쪽)

번호	단어(발음)	예	단어(발음)
1	찧고(찌코)	무릎을 찧고 넘어지다.	찧고(찌코)
2	넣고(너코)	책을 가방에 넣고 와라.	넣고(너코)
3	쌓고(싸코)	담을 높이 쌓고 기뻐했다.	쌓고(싸코)
4	땋다(따타)	머리를 땋다.	땋다(따타)
5	빻다(빠타)	쌀가루를 빻다.	빻다(빠타)
6	쌓게(싸케)	탑을 쌓게 하다.	쌓게(싸케)
7	좋지(조치)	참 좋지.	좋지(조치)
8	낳게(나케)	아기를 낳게 되다.	낳게(나케)

사후평가(194쪽)

번호	단어(발음)	예	단어(발음)
1	넣게(너케)	책을 가방에 넣게 하다.	넣게(너케)
2	놓게(노케)	책을 책상 위에 놓게 하다.	놓게(노케)
3	땋고(따코)	머리를 땋고 묶다.	땋고(따코)
4	쌓지(싸치)	쌓지 말고 그냥 두어라.	쌓지(싸치)
5	빻지(빠치)	쌀을 빻지 않았다.	빻지(빠치)
6	찧다(찌타)	엉덩방아를 찧다.	찧다(찌타)
7	낳지(나치)	개가 새끼를 낳지 않았다.	낳지(나치)
8	찧게(찌케)	무릎을 찧게 하다.	찧게(찌케)

정답지

◆ 〈보기〉에서 빈칸에 알맞은 단어를 골라 적으세요. (186~187쪽)
1. ①, 2. ②, 3. ①, 4. ④, 5. ③, 6. ①, 7. ②, 8. ④, 9. ①, 10. ①

◆ 〈보기〉에서 빈칸에 알맞은 단어를 찾아 쓰세요. (188쪽)
1. 좋게, 2. 낳다, 3. 빻고, 4. 찧지, 5. 쌓기, 6. 놓지, 7. 놓고, 8. 넣고, 9. 땋다

◆ 다음 문장들의 단어에 알맞은 받침을 적어 넣어 봅시다. (192쪽)
1. 사이좋게, 2. 넣고, 3. 쌓다, 4. 빻고, 5. 땋고, 6. 낳게, 7. 빻지, 8. 놓고, 9. 좋고, 좋다, 10. 빻게, 11. 놓지, 12. 넣다, 13. 땋게, 14. 찧고, 15. 넣게, 16. 넣지, 17. 쌓게, 18. 찧지

4차시 홑받침 비음화 – 홑받침 + 'ㄴ' 시작 단어: 웃는다

사전평가(196쪽)

번호	단어(발음)	예	단어(발음)
1	갚는다(감는다)	돈을 갚는다.	갚는다(감는다)
2	믿니(민니)	동생 말을 믿니?	믿니(민니)
3	깊니(김니)	강물이 깊니?	깊니(김니)
4	솟는다(손는다)	샘물이 솟는다.	솟는다(손는다)
5	덮는다(덤는다)	이불을 덮는다.	덮는다(덤는다)
6	낚니(낭니)	물고기를 낚니?	낚니(낭니)
7	웃는다(운는다)	친구가 웃는다.	웃는다(운는다)
8	짓니(진니)	집을 짓니?	짓니(진니)

사후평가(213쪽)

번호	단어(발음)	예	단어(발음)
1	낮니(난니)	의자가 낮니?	낮니(난니)
2	붓는다(분는다)	물을 붓는다.	붓는다(분는다)
3	묶니(뭉니)	머리를 묶니?	묶니(뭉니)
4	닫는다(단는다)	책상을 닫는다.	닫는다(단는다)
5	잊니(인니)	왜 약속을 잊니?	잊니(인니)
6	맡는다(만는다)	냄새를 맡는다.	맡는다(만는다)
7	빚는다(빈는다)	고무찰흙을 빚는다.	빚는다(빈는다)
8	뜯니(뜬니)	풀을 뜯니?	뜯니(뜬니)

정답지

◆ 〈보기〉에서 빈칸에 알맞은 단어를 골라 적으세요. (203쪽)

1. ②, 2. ③, 3. ④, 4. ①, 5. ①, 6. ①, 7. ②, 8. ③, 9. ①, 10. ④

◆ 〈보기〉에서 빈칸에 알맞은 단어를 찾아 쓰세요. (205~206쪽)

1. 닦는다, 2. 덮는다, 3. 맡는다, 4. 익는, 5. 짓는다, 6. 겪는다, 7. 쫓는, 8. 잊는데, 9. 닿는, 10. 뽑는데

1. 솟는다, 2. 놓는다, 3. 낚는, 4. 뱉는, 5. 갚는다, 6. 엮는다, 7. 젖는, 8. 믿는, 9. 뽑는데, 10. 식는데

◆ 다음 문장들의 단어에 알맞은 받침을 적어 넣어 봅시다. (211쪽)

1. 갚니, 2. 낚니, 3. 솟니, 4. 잊니, 5. 맡는다, 6. 쫓는다, 7. 짓는다, 8. 뽑는다, 9. 닦는, 10. 돕는, 11. 닿는, 12. 겪는다, 13. 놓는다, 14. 믿는다, 15. 뱉니, 16. 식는데, 17. 젖는데, 18. 익는, 19. 덮는데

저자 소개

김애화 (Kim, Aehwa)

aehwa@dankook.ac.kr

현재 단국대학교 특수교육과 교수로 재직 중이다. 단국대학교 특수교육과를 졸업하고, 미국 텍사스 주립대학교(University of Texas at Austin)에서 학습장애 전공으로 석사 및 박사 학위를 받았다. 텍사스 읽기 및 쓰기 연구소(Texas Center for Reading and Language Arts Center)에서 전임연구원(Research Associate)으로 일하였으며, SSCI 저널인 *Journal of Learning Disabilities*의 assistant editor를 역임하였고, 현재 *Journal of Learning Disabilities*의 consulting editor로 활동 중이다.

김의정 (Kim, Uijung)

uijungkim@kornu.ac.kr

현재 나사렛대학교 특수교육과 교수로 재직 중이다. 부산대학교 중어중문과를 졸업하고, 미국 텍사스 주립대학교(University of Texas at Austin)에서 특수 일반 및 자폐성 장애 전공으로 석사 및 박사 학위를 받았다. 텍사스 읽기 및 쓰기 연구소(Texas Center for Reading and Language Arts Center)에서 전임연구원(Research Associate)으로 일하였으며, 캘리포니아 주립대학교(California State University, Los Angeles) 특수교육과 조교수로 재직하였다.

학령기 아동을 위한 단어인지 및 철자 프로그램 3
홑받침 단어
Word Identification and Spelling Program for School-Age Children

2018년 1월 30일 1판 1쇄 발행
2023년 3월 20일 1판 3쇄 발행

지은이 • 김애화 · 김의정
펴낸이 • 김진환
펴낸곳 • (주) 학지사
04031 서울특별시 마포구 양화로 15길 20 마인드월드빌딩
대표전화 • 02)330-5114 팩스 • 02)324-2345
등록번호 • 제313-2006-000265호

홈페이지 • http://www.hakjisa.co.kr
페이스북 • https://www.facebook.com/hakjisa

ISBN 978-89-997-1463-4 94370
978-89-997-1460-3 (set)

정가 17,000원

이 도서의 국립중앙도서관 출판시도서목록(CIP)은 서지정보유통지원시스템 홈페이지(http://seoji.nl.go.kr)와 국가자료공동목록시스템(http://www.nl.go.kr/kolisnet)에서 이용하실 수 있습니다.
(CIP 제어번호: CIP2017035268)